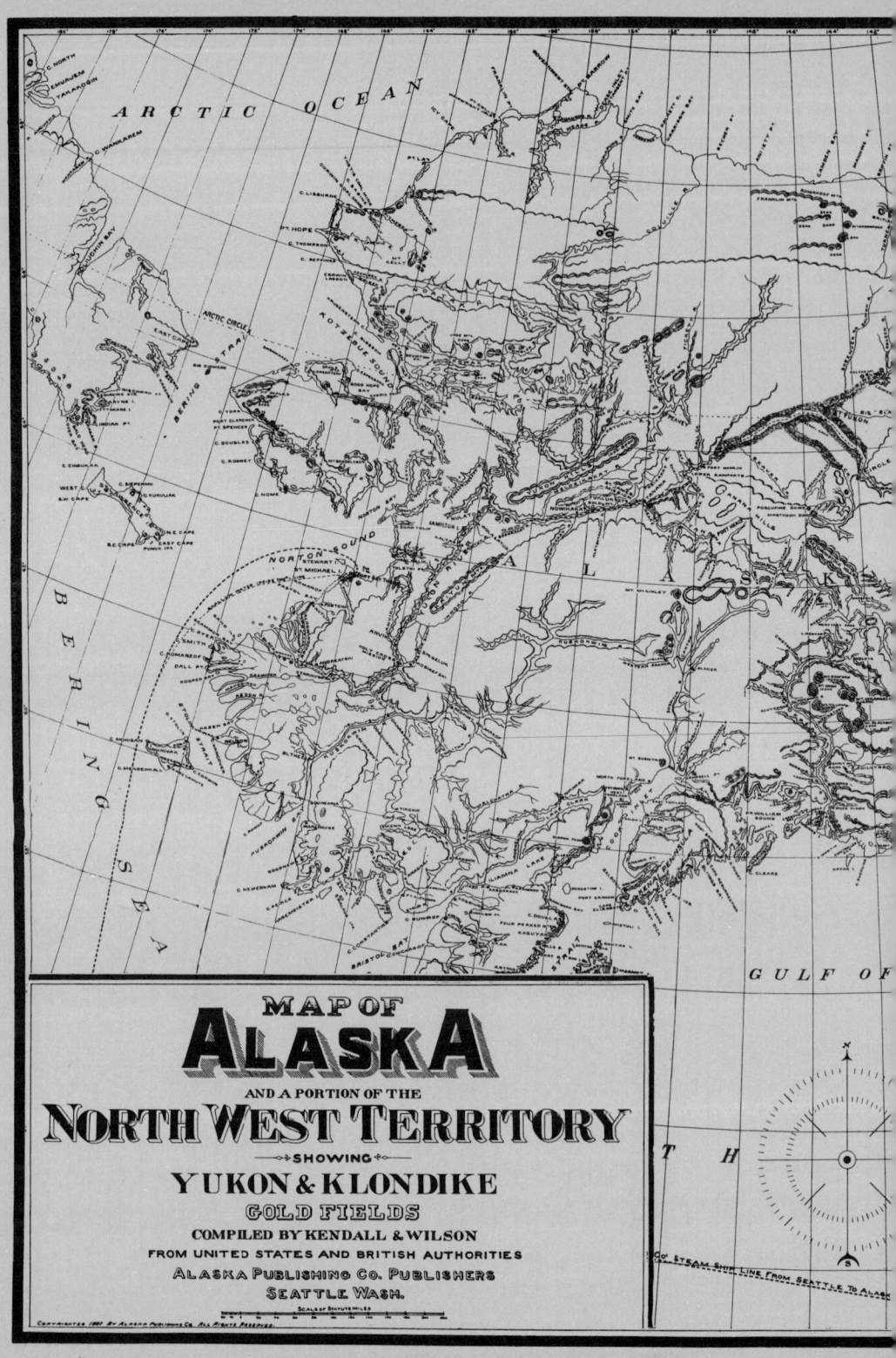

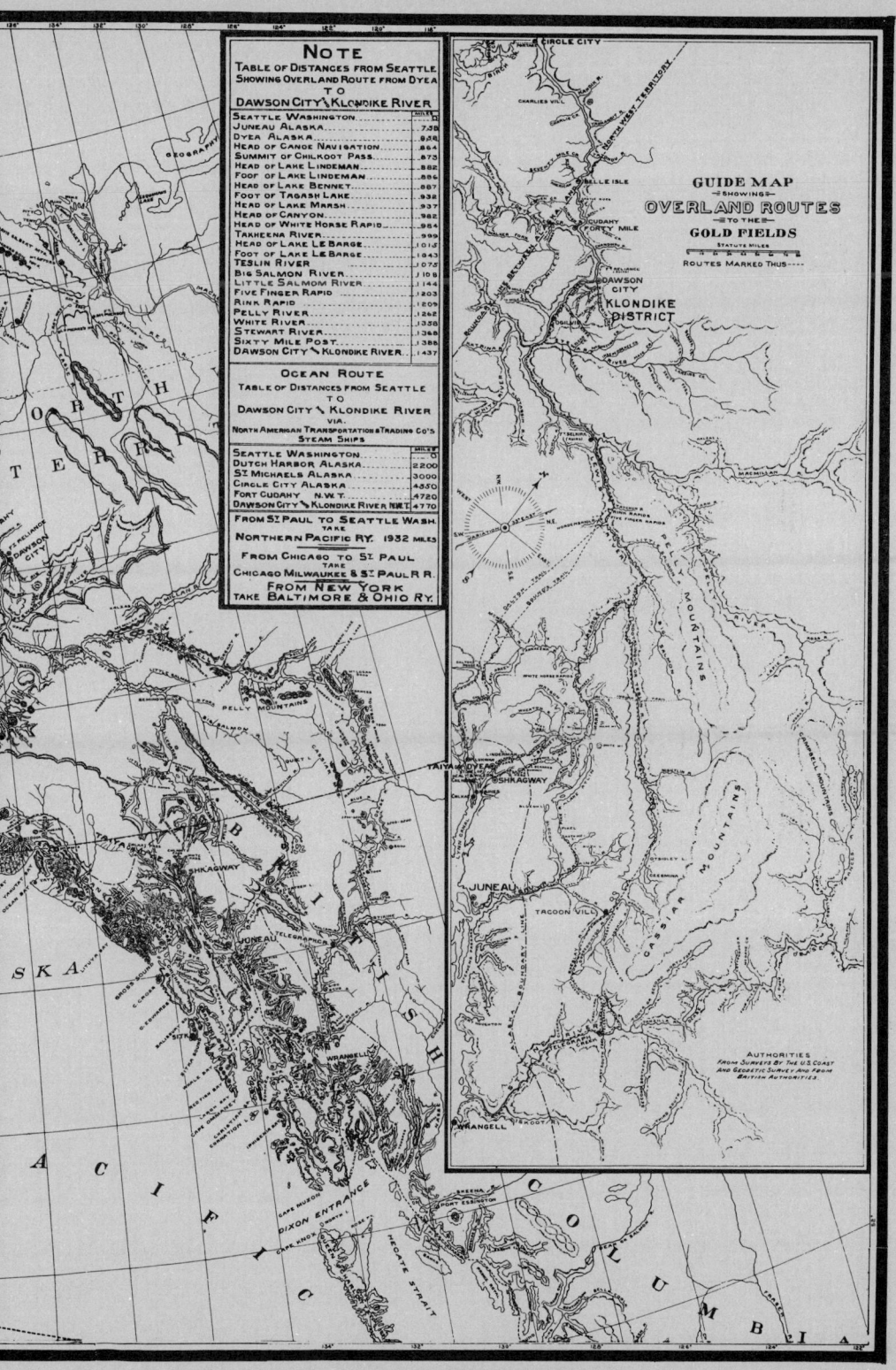

AUR Y BYD

Aur y Byd

Stori Cardi yn yr Yukon 1898-1904

Roy Davies a Dic Jones

1987

Argraffiad cyntaf - 1987

ISBN 0 86383 384 5

© Roy Davies a Dic Jones, 1987

Cedwir pob hawl. Ni ellir atgynhyrchu unrhyw ran o'r cyhoeddiad hwn na'i gadw mewn cyfundrefn adferadwy na'i drosglwyddo mewn unrhyw ddull na thrwy unrhyw gyfrwng electronig, electrostatig, tâp magnetig, mecanyddol, ffotogopïo, recordio, nac fel arall, heb ganiatâd ymlaen llaw gan y cyhoeddwyr, Gwasg Gomer, Llandysul.

Dymuna'r cyhoeddwyr gydnabod cymorth a chyfarwyddyd Adrannau'r Cyngor Llyfrau Cymraeg a noddir gan Gyngor Celfyddydau Cymru.

Argraffwyd gan J. D. Lewis a'i Feibion Cyf., Gwasg Gomer, Llandysul, Dyfed

Cyflwynedig i

WYN

a

RHODRI

DIOLCH I'R CANLYNOL

Royal Canadian Mounted Police, Whitehorse, Yukon
Yukon Archives, Whitehorse
Alaska Historical Library, Juneau, Alaska
Alaska State Troopers, Anchorage, Alaska
City of Nome Police Department, Nome, Alaska
Kegoayah Kozga Historical Library, Nome, Alaska
University of Alaska Archives, Fairbanks, Alaska
Minnesota Historical Society, Minnesota, U.D.A.
Sisters of Providence Archives, Seattle, Washington, U.D.A.
Public Records Office
Archifdy Ceredigion
Rheithor Pugh, Llanfairorllwyn, Dyfed
Mr. a Mrs. Alun Lewis, Maesyffin, Horeb, Llandysul
Archifdy'r Brifysgol, Lerpwl
Llyfrgell Genedlaethol Cymru, Aberystwyth
Y diweddar Tom Lloyd Davies, Gwylfa, Penrhiwllan
Mr. Jimmy Thomas, Awel Teifi, Llandysul
Mrs. Matilda Lewis, Blaenffynnon, Horeb

ac i aelodau o'r teulu, sef—

Y ddiweddar Eunice Jones, Heol y Neuadd, Y Tymbl
Y diweddar T. Orllwyn Davies, Gwesty Penally, Dinbych-y-pysgod
Mr. Gilmour Davies, Green Hill, Y Tymbl
Mr. Oliver Davies, Trelái, Ffostrasol, Llandysul

I

Ym 1882 darganfuwyd aur yng ngraean gwely afon Yukon yn Alaska. Aur, digonedd ohono, dim ond rhofio'r graean a'i ogrwn mewn padell. Cymaint â gwerth dau can doler mewn padellaid, a hwnnw yr aur coethaf yn y byd. Cyn pen dim amser hedfanodd y newyddion i bellafoedd y byd, gan gychwyn y ras wylltaf a welodd dynoliaeth erioed. Ac nid oedd Cymru, na chilcyn bach diarffordd o Sir Aberteifi ym Mhenrhiw-llan, yn eithriad. Mae'n hawdd dychmygu'r siarad ple bynnag yr ymgasglai dynion. Ar y croesffyrdd erbyn nos, yn y cae medi a'r ydlan ddyrnu, hyd yn oed yn y sgwrsio wedi'r oedfa wrth glwyd y capel, mae'n siŵr. Gweision ffermydd, glowyr, labrwyr—pobl wedi hen arfer â chaledwaith caib a rhaw, a hynny am arian digon bach yn aml—yn clywed am ffortiwn i'w hennill ym mhen draw'r byd, a hynny dim ond ei rhofio o'r ddaear. Pa ryfedd bod breuddwydion wedi'u cynnau, gobeithion wedi'u codi a dihangfa wedi dod?

Ac o hynny tan 1898, pan gyrhaeddodd y mudo ei benllanw, cyrchodd miloedd ar filoedd o bob rhan o'r byd i ddyffryn Yukon a'r afonydd a red iddi, a'r enwocaf ohonynt i gyd—y Klondike. Y mentrus a'r eofn, arloeswyr a gwehilion cymdeithas yn un gymysgaeth o bob gradd o ddynoliaeth. Llawer yn ffoaduriaid, yn ffoi rhag cyfraith gwlad, ac eraill rhag tlodi a gormes, a rhai hefyd, efallai, yn ffoi rhag cyfrifoldeb teulu a chyfyngiadau trefn cymdeithas. Ac yn eu plith, o leiaf un blaenor o Annibynnwr ac athro Ysgol Sul o Gymro. Pawb â'i fryd ar wneud ei ffortiwn a'r ysfa yn dwymyn yn ei waed. Nid oedd na chaledi na pheryglon nac anawsterau yn cyfrif dim. Roedd yn rhaid mynd.

Ni welodd mwy na rhyw dri y cant o'r mwynwyr ddyrnaid o aur fyth, er gwaethaf yr holl fentro, y gobeithio a'r dioddef. Ond yn wahanol i'r lleill, gadawodd un ohonynt lythyron a dyddiaduron ar ei ôl, sydd erbyn heddiw yn werthfawrocach na dim yr aeth ef mor bell i'w geisio. Cadwodd Rachel, ei ferch, lythyron ei thad yn ofalus dros y blynyddoedd, a phan ddychwelodd adref dros dro ym 1900, a gadael ei ddyddiaduron yn ei gofal, cadwodd y rheini hefyd â'r un parch. Wedi ei dydd hi, daethant i ddwylo ei merch, Mrs Eunice Jones o'r Tymbl, ac er i lawer o ddogfennau fynd ar goll gyda threigl amser, cadwyd digon ar glawr i ni fedru llunio darlun gweddol gywir o fywyd ei thaid rhwng 1895 a 1904. Oni bai am weledigad y ddwy hyn, a'u parch i goffadwriaeth un o'r cymeriadau mwyaf anturus a welodd godre Ceredigion yn y ganrif hon, byddai darn go bwysig o hanes y bröydd hyn wedi mynd ar goll am byth. Mae'n rhyfedd meddwl i lawer o'r cofnodion hyn, fwy na phedwar ugain o flynyddoedd yn ôl, gychwyn ar eu taith i ben draw'r byd, gan ddychwelyd 'tua'r lle bu dechre'r daith' yng nghyflawnder amser. Hanes un gŵr unigryw; i rai yr oedd yn arwr, i eraill yn oferwr ffôl. Ei enw oedd John Davies—John Mochwr.

Fe'i ganed ym Mhenralltfern, Penrhiw-llan, yng Ngheredigion, ar 19 Hydref 1853 yn ôl y cofrestrydd swyddogol, ond mewn cofnod mewn llythyr ganddo ef ei hun, yr unfed ar hugain oedd hi. Ef oedd yr olaf o dri ar ddeg o blant Thomas (Twmi Mawr) a Mary. Dywed cof lleol mai plentyn gordderch oedd hi i ryw Ddug o Loegr a arferai ddod i Blas Blaendyffryn i saethu, pan oedd ei mam yn forwyn yno.

Penralltfern, Penrhiwllan

Nid oes sôn iddo gael diwrnod o ysgol erioed, er ei bod yn bosib iddo fynychu'r ysgol oedd wedi'i sefydlu yn Aber-banc bum mlynedd cyn ei eni, ond nid oes cofnodion o'r disgyblion yno am ugain mlynedd cyntaf yr ysgol. Beth bynnag, drwy'r Ysgol Sul yn bennaf, mae'n siŵr, dysgodd ddarllen a sgrifennu Cymraeg a Saesneg. Mae'n amlwg fod ynddo allu arbennig iawn. Yn wyth oed aeth yn was bach i Ddolifor a thua dwy flynedd yn ddiweddarach sefydlwyd Capel y Gwernllwyn, ac aeth teulu Dolifor, a'r gwas bach wrth gwrs, yn aelodau yno. Tyfodd yn llanc tal a chryf (dilynai ei dad yn hynny o beth) nad ofnai neb na dim, daliai ei dir mewn dadl a mentrai tra byddai eraill yn dal i gysidro p'un ai i fentro ai peidio. Ymhyfrydai yn nirgelion y gyfraith, ymddiddorai mewn gwleidyddiaeth, gan siarad ar lwyfannau etholiad. Yr oedd, mae'n amlwg, yn arweinydd cymdeithas, ac nid syn iddo ddod yn athro yn yr Ysgol Sul ac, yn ddiweddarach, yn flaenor yng Nghapel Gwernllwyn. Nid oes fawr o sôn ganddo nac mewn llythyr na dyddiadur am y cyfnod hwn yn ei fywyd, ond gwyddys iddo briodi pan oedd bron yn un ar hugain oed, â Hannah Oliver, morwyn Blaenythan, Croes-lan. Bu'r ddau fyw am ysbaid yn y Fron (Frongabetsh) ger Llandysul, cartref Hannah, lle ganed eu plentyn cyntaf, Mary, ym mis Ionawr 1875. Wedi blwyddyn yn y Fron symudodd y teulu bach i fyw i Flaenmerwydd, Horeb, lle ganed iddynt naw o blant eraill gan gynnwys efeilliaid. Bu farw David, y chweched plentyn, yn ddeng mis oed ym 1887, a Mary yn bymtheg oed ym 1890.

Aeth John Davies i weithio dan ddaear yn Aberpennar, ac mae'n amlwg iddo ymgyfoethogi'n rhyfeddol. Roedd yn ŵr darbodus, yn weithiwr caled a chanddo lygad dyn busnes. Mewn cyfnod o brin ddeunaw mlynedd cynilodd ddigon o fodd i adeiladu Maesyffin—tŷ gyda'r crandiaf yn yr holl ardaloedd, a hynny'n ogystal â chadw gwraig a thyaid o blant uwchben eu digon. Yn wir, mae'n debyg iddo deimlo fod ei fyd cystal fel y gallai fforddio prynu cot ffwr ddrudfawr i'w wraig! Yn y cyfnod llwm hwnnw! Beth bynnag, dyna'n union a wnaeth. A dechreuodd y tafodau sisial bron ar unwaith, wrth gwrs. Mae'n debyg i rywrai athrodi ei wraig Hannah, gan awgrymu fod trafaelu diogel gan amryw ddynion tua Blaenmerwydd tra oedd ei gŵr yn Aberpennar. Mewn gair, roedd yna gniff ar Hannah

Hannah
Enoch   Hannah (Iau)
        Margaret (Tilen)   Evan   Rachel   John   Jane   Anne

Thomas (Mewn osodiad)

Maesyffin

ac mai o'r cyfeiriad hwnnw y daethai'r got ffwr! Ond nid gŵr i chware ag ef oedd John Davies. Aeth i gyfraith heb feddwl ddwywaith, gan ennill ymddiheuriad cyfreithiol oddi wrth Anne Jones, White Horse, Horeb, am iddi athrodi Hannah, a llythyr cyhoeddus, fel roedd yn gyffredin yr adeg honno, oddi wrth ŵr Anne, John Jones, yn diolch am iddo beidio â mynd â'r achos i'r llys.

Rywbryd yn fuan wedi codi Maesyffin, gorffennodd John Davies weithio fel glöwr a bu am beth amser yn prynu a gwerthu moch gyda'i frawd James. Ond yn fuan iawn sefydlodd ei fusnes porthmona ei hun. Tebyg fod ganddo gysylltiadau a ffurfiwyd yn ystod ei gyfnod ym Morgannwg. Âi o gwmpas y ffermydd a'r ffeiriau lleol gan brynu moch yn bennaf a'u hanfon fesul llwyth wagen trên i leoedd fel Merthyr, Pen-y-bont a Chaerdydd, ac wrth gwrs adwaenid ef bellach fel John Mochwr.

Mae nifer o lythyron oddi wrtho yn mynd yn ôl hyd ddechrau Awst 1888—cadwai gopi carbon o bopeth a fu rhyngddo a'i gwsmeriaid—yn dangos fod y fasnach yn ddigon llwyddiannus yr adeg honno, beth bynnag. Eithr erbyn dechrau 1889 gwelir

5

To Mr. John Davies,
   of Blaenmerwydd,
      Horeb, Labourer.

I Anne Jones the wife of John Jones of the White Horse, Horeb, Labourer, do hereby acknowledge that the slanderous words which I have uttered respecting your Wife Hannah Davies, to the effect that she after becoming your Wife had during your absence in Glamorganshire been holding improper intercourse with divers other men, are wholly untrue and devoid of foundation, and I hereby further express my sincerest regret that I should ever have committed such an offence.

   Dated the 30th day of August 1880.

                     The mark of
                  Anne   +   Jones.

Witness, T. Thomas,
   Clerk to Mr. Jones,
      Solr. Llandyssul.

I John Jones of the White Horse, Horeb, Labourer, the husband of the above named Anne Jones, do hereby express my heartfelt thanks to the said John Davies, for kindly consenting to withhold proceedings on receiving the above written apology.

             The mark of
          John   +   Jones.

Witness,
   T. Thomas.

rhai arwyddion nad oedd pethau ddim llawn cystal. Mewn llythyr at y Welsh Bacon Curing Company mae'n eu hatgoffa fod arnynt arian iddo, ac yr hoffai eu cael erbyn yr âi i gyfarfod â'i fancer, ar ddiwrnod arbennig. Ac o hynny ymlaen, amlhau a wna'r cyfeiriadau at symiau oedd yn ddyledus iddo.

               Awst 14 1889
 Dr Sir
  Yr wyf yn eich trwbli ir wythnos hon eto mi garwn i chwi anfon cheque i mi o £30-0-0 erbyn bore dydd Mawrth, o herwydd mae gennyf y fath lot ar ol yn fyw yma ir wythnos hon ...

              Tachwedd 25 1889
 Frawd
  Daeth llythyr i mi o'r Bank yn dweid fod y ddwi cheque £20 wedi reterno os gwelwch fod yn dda ei talu i fewn, ir wyf wedi anfon i nol eu bod yn right erbyn hyn ac felly gobeithio mae felly y bydd hi.
            Yr eiddoch
             John Davies

Erbyn 1894 mae awgrym yma ac acw fod rhai o'i gwsmeriaid braidd yn ofidus am eu pres:

              Hydref 23 1894
 Mr Davies
  Mi garwn gael gwybod os yw y moch yn barod ir wyf am gael cynyg arnynt fel arfer, chwi gewch eich talu amdanynt wrth eu cael. Os byddwch mor garedig a rhoi gwybod i mi os byddwch yn barod erbyn wythnos i heddiw sef dydd Mawrth ac os ydych yn gwybod am lot gida rhiw rai ereill gwnewch eich gore i mi eu cael cant eu talu wrth eu cael.
            Yr eiddoch
             John Davies

Gwaethygu eto fu hanes pethau ac y mae sŵn y storom yn cronni draw i'w glywed yn y ddau lythyr nesaf hyn. Mae'r ffaith fod y cyntaf yn yr iaith fain, a'i ieithwedd hefyd, yn awgrymu y gall fod mewn atebiad i lythyr cyfreithiwr. Ac yn unol â'i arferiad yn y maes hwn, nid yw John Davies yn fyr o edrych ar ei ôl ei hun:

April 14 1894

Sir
   In answer to your letter this morning, I have paid _____ Davies, _____, by cheque dated March 27, he can do as he like in future and if he like's I will meet him County Court.
                    Yours truly
                         John Davies

Hydref 20 1894

Mr Jones
   Ateb i'ch llythyr yr oeddech yn dweid fi mod yn gwneud twyll ar Bank. Mae ir Bank yn Profi fi mod yn iawn . . . Mae fi'n Cheque Book yn Profi hyny. Nid wyf yn foddlon i chwi dreio ffordd yna ond mi'ch talaf bob ceiniog. Nid wyf am wneid ond sydd iawn.
                         J. Davies

   Yn ychwanegol at y trafferthion hyn, aeth yn anghydfod rhyngddo ac Enoch ei gefnder. Enoch fyddai'n arfer derbyn y llwythi moch ym mhen draw eu siwrnai yn nhrefi'r De. Y stori sydd wedi dod i lawr o un genhedlaeth i'r llall o'r teulu yw i John Davies gredu i Enoch ei dwyllo mewn rhyw fodd a chadw iddo'i hun swm sylweddol o arian y moch. Boed hynny fel y bo (ac y mae'r dyfyniad o'r llythyr canlynol yn dangos ochr John Davies yn y mater) ni all fod amheuaeth nad oes digon o dystiolaeth nad Enoch yn unig a fu achos unrhyw drafferthion ariannol y cafodd John Davies ei hun ynddynt.

Hydref 23 1894

Gyfaill
   Yr wyf yn anfon gair attoch, er syndod i chwi mae wedi myned yn drwblus rhyngwyf fi a Enock   nid wyf yn gwybod Pa le y terfynith y Peth. Mae ef yn Penderfyni allwn feddwl i gadw heibio £80 o'm harian i a gwaeth na'r cwbl mae ef yn dweid fod arian arnaf fi iddo ef, on nid wyf yn fyw heno os wyf yn dweid gair o anwiredd, mae nanodd nabod dyn . . .
                         J. Davies

   Ac felly'r aeth John Davies i ddyled. Gwasgai'r ffermwyr yr oedd wedi prynu moch ganddynt am eu harian, a drylliwyd ei fusnes. Pwy a ymddiriedai ynddo bellach? Mewn gair, aeth yr hwch drwy siop y mochwr!

Roedd heb waith na chynhaliaeth i'w deulu lluosog, na gobaith am dalu ei ddyled i'w gyd-ardalwyr—pobl oedd wedi llwyr ymddiried ynddo ac edrych i fyny ato—a rhai ohonynt hefyd, fwy na thebyg, heb lwyr anghofio mater y got ffwr! Ac yntau'n un o wŷr blaenllaw'r gymdeithas! Does rhyfedd yn y byd iddo ddweud yn ei gyfyngder, 'Byddai'n well gen i rewi i farwolaeth ymhlith dieithriaid na marw gartref drwy dorri 'nghalon mewn dyled.' Mae'n bosib fod eginyn yr ymwared wedi ei blannu yn ei feddwl yr haf hwnnw.

Clywsai ef fel pawb arall yr hanesion am fywyd gwell yn y Byd Newydd dros y môr, achos nid oedd ymfudo i America yn beth anghyffredin yn y dyddiau hynny. Mae'n siŵr iddo hefyd glywed sôn am ddarganfod aur yn yr Yukon—roedd yn ddarllenwr cyson ar bapurau newyddion. Ac fel y gwaethygai pwysau ei echwynwyr arno, a'i gywilydd yntau, aethai'n frwydr argyfwng rhwng ei falchder a'i drybini. Bu am fisoedd mewn ing meddwl, nes o'r diwedd iddo benderfynu ymadael am America i geisio ffordd i dalu'i ddyledion. Ac wedi iddo unwaith ddod i'r penderfyniad hwnnw, nid oedd dim troi'n ôl i fod. O leiaf fe gâi ffoi am beth amser rhag y gwasgu parhaus arno, achos ni chaniatâi ei falchder iddo fynd yn fethdalwr. Ffordd y cachgi fyddai hynny, a ph'un bynnag, fe gollai Faesyffin a godasai â'i chwys ei hun. A dyma hel ei bac (digon ysgafn) ac ymadael â phopeth oedd yn annwyl ganddo, cymdogaeth ei febyd, tŷ a gwraig ac wyth o blant, ac un arall ar y ffordd, a mentro i ben draw'r byd.

'Yr oeddwn mewn trwbwl meddwl,' meddai ef ei hun yn un o'i ddyddiaduron, a hawdd yw credu hynny. Meddyliwch amdano y bore hwnnw, ar y daith o ryw bedair milltir o Faesyffin i orsaf Llandysul yng nghar poni ei gyfaill oesol, Ben Davies, Blaenythan. Mae'n rhaid fod y pedair milltir hynny yng nghyfforddusrwydd cymharol y car poni wedi bod yn galetach nag unrhyw bedair o'r holl filoedd o filltiroedd a drafaeliodd wedi hynny. Mae dyn yn cael amser i feddwl mewn car poni. Mae'n siŵr iddo groesi ei feddwl y gallai na welai na Ben na Horeb na thylwyth byth wedyn.

Yr oed yn ŵr a thipyn o falchder ynddo—tipyn o feddwl, ys dywedwn ni. Dim ond rhywun a thipyn o hwnnw ynddo fyddai'n cadw dyddiadur, gan dybied y byddai ei brofiadau ef a'i feddyliau ef yn ddiddorol i rywun arall, rywbryd yn y dyfodol. Ond bu gan yr oesau le i ddiolch am y balchder hwnnw, lawer gwaith.

Mae'n rhaid fod pob emosiwn a wybu dynoliaeth erioed yn corddi drwyddo yn ystod y daith honno. Hiraeth—am y teulu oedd mor annwyl ganddo, ac yntau ganddynt hwy. Dicter—at y rhai a'i twyllodd. Hunandosturi, pob gradd yn y gamwt i gyd, ond ofn. Nid oedd hwnnw yn yr un croen ag ef, yn feddyliol nac yn gorfforol.

Roedd rhywbeth yn *flamboyant*—yn goegwych rywsut—yn Americanaidd braidd yn ei gylch erioed (y got ffwr honno!), a'r peth cyntaf a wnaeth wedi cyrraedd Lerpwl ac arwyddo rhestr teithwyr y *Scythia* oedd mabwysiadu enw canol, neu lythyren enw canol, yn hytrach, yn nhraddodiad y wlad goegwychaf honno. Arwyddai ei enw bellach yn John D. Davies. Roedd yn Ianc cyn mynd o olwg y Mersi. Mae rhai o'r teulu am ddweud mai 'Dale' oedd yr enw canol hwnnw i fod, a'r lleill mai 'Dwl' ydoedd, am iddo erioed fentro ar y fath siwrnai! Mae'n debyg ei fod wedi dweud rhai celwyddau bach digon diniwed eraill hefyd, megis disgrifio'i hun fel mecanic di-briod.

Mae'n rhaid fod gohebu rhyngddo a'r John Davies hwnnw o Cross Inn, Ceinewydd, wedi bod ymlaen llaw cyn bod hwnnw yn ei ddisgwyl yn Chicago. Ac onid yw'n gyd-ddigwyddiad rhyfedd fod ei hen gyfaill T. D. Thomas o 'South Wales, England,' yn arfer byw ym Maesyffin, Horeb? Mae'n fwy na thebyg fod yno hen dŷ o'r un enw cyn i John Davies godi'r Maesyffin newydd. Ac efallai nad cyd-ddigwyddiad yn unig sydd i gyfrif am y ffaith nad oes gofnod o unrhyw fath ar gael o unrhyw ohebu a fu rhyngddynt.

Beth bynnag am hynny'n awr, dyma gyrraedd, felly, ddiwedd Awst 1895 ac ymsefydlu mewn pentre bach o'r enw Wales—yn addas ddigon—ryw ddeuddeng milltir o Red Oak yn Iowa, lle'r oedd cymdeithas Gymraeg go gref. Pentre bychan, gwledig yn Nhrefgordd Lincoln, nad oedd fawr mwy na'r Horeb a adawsai. Siop ac efail, capel, ysgol a rhyw ddwsin o dai. Ac yma'r arhosodd am ryw ddwy flynedd yn magu cefn at y fenter fwy i ddod.

Y Scythia [T. Orllwyn Davies]

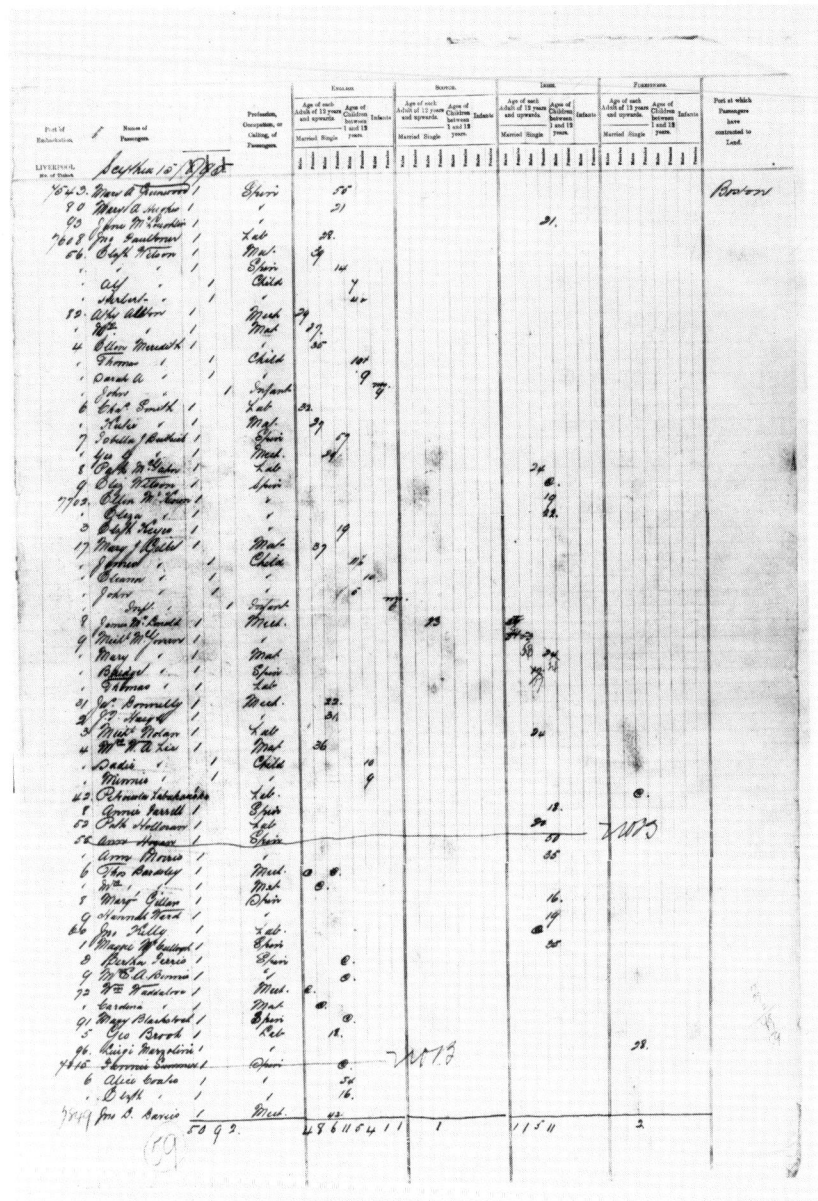

Gweler enw John Davies ar waelod y rhestr.

Awst 14, 1895

Bythgofiadwy ddydd, dydd gadel gwraig ac wyth o blant, dydd gadel hen wlad fi ngenedigaeth dydd gadel fi hen gyfoidion, dydd gadel Gwernllwyn fi ngartref crefyddol y lle cefeis fi nerbyn yn eilod eglwys, Capel le cefeis fi addisg ar frone ir hon y derbynies faeth yspridol, gobeithio na fydd ei heffeith ai dylanwad darfod arnaf am amser ac hefyd i Dragwyddoldeb.

Dydd gwynebi ar America fawr heb gar na chyfeill genyf i gychwyn, dywirnod nas gallaf ei ddisgrifio, gwynebu ar ddieithried, gwlad ddyeithr, Pobl ddyeithr, arferion dyeithr, ac i radde Pell iawn iaith ddyeithr, yr oedd yn gwneud i mi gofio am ir hen genedl etholedig—Pa fodd y canwn mewn gwlad estronol.

Wel cychwyn o gartref y bore hwnw mae fi ngalon ar rwygo y foment yma, o dan amgylchiadeu nas gallaf eu hadrodd, rhi Bring yn fi moced i giraedd Pen fi naith, Mi gychwynes gida'r tren haner awr wedi wyth o Landyssil ac o Caerfyrddin am un or gloch, areifo yn Liverpool am wyth y nos, lletia gida W. Lewis ai frodyr ai chwiorydd.

Pobl garedig neilltuol. Cychwyn dranoeth am un o'r gloch gida ir Sqmer or enw Scythia, fe gyraeddasom erbyn Prinawn dranoeth i Queenstown mordaith rhagorol bob cam o Liverpool i Boston ac wedi bod ar y dwr am ddeg dywirnod mi gyrhaeddasom y Porthladd a nodwyd am 4 Prinawn dydd Sul. Pobl garedig iawn, ond yma oedd yn rhaid lodgo am nos Sul ar arian yn Bring genyf, yr oeddwn mewn trwbwl meddwl, ond mi gefeis ffafr i fyned nol ir llong am noswaith yn rhagor ac er cymeint oeddwn yn ddisgil am dir ir oedd yn dda cael dychwelid am noswaith yn rhagor, bore dydd llun examino eich box, ac am saith or gloch nos llun cychwyn i Chicago rhiw 1,500 o filltiroedd yn ddiaros fe gyrheiddes yno bore dydd Mercher am wyth or gloch wedi taith o ddwi noswaith a dywyrnod, ac ar y station ir oedd fi hen gyfaill John Davies o Cross Inn, New Quay, ac ir oedd yn rhaid i mi aros yno hyd ir hwyr, am haner awr wedi deg y noson hono mi gychwines am Red Oak Ia. taith 450 o filltiroedd. Cyrheiddid yma am 4 or gloch Prinawn dydd iau, ac am Dy fi hen gyfaill T. D. Thomas gynt o Maesyffin, Horeb, Llandyssil, South Wales, England, mi gefeis gartre cysiris ganddo ac ir oedd yn amser gorffwys erbyn hyn, nid oeddwn wedi tyny fi nillad oddi am danaf yr holl amser yma ond yn ben ar y cwbl ir wyf wedi cael Duw yn eu rhagluniaeth yn ffafriol neilltiol i mi. Pe bawn yn enwu ir amgylchyadeu bob yn un yr oedd yn amosibl i mi beidio canfon law Duw oblegid nid oedd neb arall a allasau wneid ir hyn a wnaeth ef i mi fel oedd y Salmydd yn canu.

Awst y 14ed 1875

Gofiadwy ddydd
dydd gadel gwraig ac
wyth o blant, dydd gadel
hen wlad fy ngenedigaeth
dydd gadel fy hen gyfeillion
dydd gadel Gwernllwyn
fy nghartref crefyddol
y lle cefais fi nerbyn yn
aelod eglwys, Capel
le cefais fi addysg ar
frone ir hon y derbyniais
faeth ysprydol, gobeithio
na fydd ei heffaith a'i
dylanwad darfod arnaf
am amser ac hefyd
i dragywyddoldeb.

Dydd gyrnebi ar America
fawr heb gair nachyfeill
gesyt i sychyudywiwid
nas gallai ei ddisgrifio
gyrnebu ar ddieithried

II

Mae'r goel ymhlith ei deulu iddo weithio am beth amser, beth bynnag, mewn melin goed, ac efallai'n wir iddo wneud hynny rywbryd cyn Mawrth 1897. Ond ran fwyaf yr amser bu'n gweithio i'w gymdogion newydd, yn codi tai, labro, ac yn y blaen—unrhyw beth a ddôi â bywoliaeth iddo mewn gwirionedd, achos yr oedd yn ŵr na allai neb dynnu twlsyn o'i law.

Mae ei ddyddiadur am y flwyddyn honno'n llawn, er ei bod yn wir mai prin y mae llawer ohono'n taflu llawer o oleuni ar ei fywyd yno. 'Do' a 'heddiw eto' yw hi'n aml iawn. Mae ynddo, fodd bynnag, rai cofnodion arwyddocaol:

18 Mawrth	Iau	*Start contract of 5 months with Mr R. W. Jones, begin this day of March*
20 Ebrill	Sad	*Rec'd $20*
17 Mai	Llun	*Settled with Mr R. W. Jones*
18 Mai	Maw	Robert Owen [gweithio gydag ef, mae'n debyg]
23 Mai	Sab	_____ [ac felly ar gyfer pob Saboth—ni weithiai ddim]
24 Mai	Llun	Tynewydd
25 Mai	Maw	Do
26 Mai	Mer	Heddyw eto [ac felly am bythefnos]
11 Meh	Gwe	*half Tynewydd settled*
14 Meh	Llun	I. Williams [a thrwy'r wythnos]
21 Mehefin	Llun	*Tynewydd settled.*

A'r un fath drwy weddill y flwyddyn. Gweithio yn lleol, weithiau gyda'r un cyflogwr am gymaint â thair wythnos, weithiau am rai diwrnodau—a hanner diwrnod yn unig, ar brydiau. Cofnodi cael ei dalu, ond anfynych y noda'r symiau. Ond gellir cael rhyw amcan o'i enillion o'u cymharu ag enillion ei gyfoeswyr yng Nghymru. Dyna'r ugain doler a dderbyniasai gan R. W. Jones. Tua phumpunt mewn rhywbeth tebyg i bythefnos, pan oedd cyflog gwas mawr yn Horeb yn llai nag ugain punt y flwyddyn! Yna ar ddechrau 1898 gwelir newid yn y cofnodion Sabothol:

2 Ionawr	Sab	Cwrdd a'r ysgol yn Wales, Iowa. [h.y. mynd i'r cwrdd a'r ysgol Sul]

Ac yn ddi-fwlch wedyn, cofnoda iddo fynychu'r cyfarfodydd crefyddol yno. Manylion ei waith a chyfarfodydd yn Wales a welir hyd fis Chwefror 1898, pan geir y cofnod hwn:

>14 Chwefror   Llun   O boity a ffaratoi ar gyfer y daith sef myned i Allaska.

Mae lle i amau a oedd mynd i Alaska yn fwriad ganddo o'r cychwyn cyntaf. Mae'n bosib mai ffoi rhag gwasgu ei echwynwyr arno, ac ailgychwyn bywyd mewn gwlad newydd oedd ei amcan. Roedd mynd i America yn beth gweddol gyffredin yr adeg honno, ac onid 'gwynebi ar America fawr' oedd ei eiriau ef ei hun wrth ymadael â Maesyffin y bore tyngedfennol hwnnw? Ond os hynny, sut na fuasai wedi meddwl am geisio cael ei deulu allan ato wedi iddo ddechrau cael ei draed tano yn y wlad newydd? Yr oedd ei amgylchiadau'n amlwg yn gwella, a'i hiraeth am ei wraig a'i blant yn amlwg yn ei lythyron, a'u hiraeth hwythau amdano ef yr un mor ingol. Dyma'r llythyr cyntaf a dderbyniodd oddi wrth ei wraig Hannah:

>   Maesyffin   Horeb
>   Medi   16th   1895
>
>Fy anwil briod anwil mi derbines eich llythyr wedy hir disgwl am dano yr oedwn wedy meddwl eich bod wedy ein gillwn ango ni chefes un oddy wrthych hyd dydd iau y 12 o fis Medy ond yr un a gefes o Queenstown ac mi gefes un o leverpool eich bod wedy giradd draw yr oedech yn diweid am llythyr o Boston ond ni ddaeth dim un yma fe fydde yn dda ei genyf ei gael ef i gael gair oddy wrthech yr wyf wedy hala rhiw amser rhyfedd oddy ar pan yr wyt wedy mind i gered nid wyf gysgy haner yr amser ond mai yn well arna i nac arnat ti yr oeddwn ni yn gael matrid a gael digon o fwyd trwy drygaredd ond yr wyf shwr nad wyt ti dim wedi gael digon o fwyd yn yr amser yna na matrid am pethownos o amser y mae yn peth rhyfedd os wyt yn dala heb find yn dost ond gobeithio dy fod yn iach eto nid oes llawer o le gan dynion dyerth fod yn dost gobeithio ei bod yn well arnat erbin hyn hal wybod y gwyr y fy bob amser fe fydd hyny well gyda fy na fod pcido yr wyf yn wybnd dy fod wedi weld amser galed yn awr ond gobeithio na weli amser mor galed byth mwy o mi garwn ni gael ginwysad y llythyr hyny o Boston eto digwydd i mi yi gael mwy os giment o

amser   gobeithio y bydd i ti gael hwn yn gloy   mi feswn wedy hala yn gint ony bai dy fod wedy weid am hala dydd llun nei dydd Mercher.

   gobeithio dy fod wedy gael gwaith a hal wybod beth fydd dy waith a hal wybod am gynheiaf yna   y mae y gynheiaf yma ar ben yn awr ond yr wyf fi heb dorry shipris eto ond y mai y gyrch yn ei ddas   y mai tywydd yn boeth iawn yma nawr amser hyn.

   gobeithio y cei iechyd ag y byddy llwyddianis wedy i ti fined mor bell i ti gael dod eto atom yn fyw ag yn iach   yr wyf in teimlo angysiris wedy i ti find   dimino y dei nol gin yr amser oet ti yn feddwl   y mai y plant yn holi yn embid prid ma Nad yn dod nol ag mai tilen fach yn ferch i data o hyd ag mai yn gofin a ody data dod i ffair medy   diw hi ddim folon i ni weid fod data bant   y mai data yn llandissil mai hi weid bob amser ag fe fydde dda gyda fine pe baech yn landissil hefid   mae yn rhaid i dybeni yn awr mai y pabwr ar ben ag mai llythyr yn mind yn rhy swmbis rhwn y gwbl   hyn gyda fy gofio atat yn fawr iawn.
                                                   Hannah

Anfonai yntau lythyron adref yn gyson, ond mae lle i gredu i lawer ohonynt fynd ar goll, naill ai yn y post neu yn y blynyddoedd wedi hynny. Ceisiai ei orau i gynghori a bod yn dad teilwng i'w blant er bod cyfandir rhyngddynt. Pethau bychain, sy'n gwneud teulu yn deulu, oedd ei bethau yn ddieithriad. Arferai hefyd anfon symiau o arian drwy'r Farmers' National Bank yn Red Oak, a pharhaodd i ddefnyddio'r banc hwn gydol ei amser oddi cartref. Trosglwyddid yr arian oddi yno i Fanc National Provincial yn Llandysul, a cherddai ei ferch Rachel yno o Horeb i gasglu'r sofrenni. Wedi rhoi'r arian yn sâff yn ei phoced âi rheolwr y banc â hi i'w dŷ a chael gan ei wraig wnïo'r boced yn sâff 'fel na choller dim'. Bid siŵr, yr oedd disgwyl mawr amdanynt.

Yma a thraw, ceir ambell awgrym nad oedd pethau yn hollol wrth ei fodd ym Maesyffin. Gofidiai fod ei fab Thomas yn tueddu at oferedd, ac nid oedd enwi'r baban yn Enoch yn ei blesio, chwaith. Digon prin fod ganddo olwg fawr ar Enoch fel enw, beth bynnag! Ac wrth gwrs, David Oliver yr oedd ef wedi bwriadu i enw'r plentyn fod, yn unol â'r hen arfer yng Nghymru, fel yn Iwerddon, o enwi plentyn ar ôl brawd neu chwaer a fuasai farw cyn ei eni. Buasai David farw wyth mlynedd ynghynt.

Gydol yr amser, daethai John Davies yn ffigwr mwyfwy amlwg ym mywyd y gymdeithas yn Wales. Ac er iddo'n fynych fynegi ei hiraeth mewn llythyron fel hwn at Rachel ei ferch, dengys ei ddyddiadur iddo barhau i lwyddo:

            Feb 12th 1896
            Wales P.O.
             Iowa
              America

Anwil Ferch Rachel

 Yr oedd yn dda rhyfef genyf gael di lythyr di, duolch i ti am dano, ac yr oedd yn dda genyf gliwed di fod yn cael iechid da, ac yr oedd yn dda neilltiol genyf glywed di fod yn tendo y cwrdd ar ysgol, a di fod wedi Pryni llyfr canu, da merch i os byddi yn Pryni rhiw beth Pryn beth da, gobeithio di fod yn leicio gyda Mr a Mrs Lloyd, cofia fi attynt yn fawr, a diwed wrth Lloyd y carwn gael Address John Lloyd.

 Rachel fach gobeithio Pan caf lythyr nesaf oddi wrthyt, y byddi wedi myned at Grefydd cofia merch i, mi ges lythyr oddi wrth Thomas ac yr oedd yn dda rhyfedd genyf ei gael a chlywed ei fod wedi gadel y Tobaco ar cwrw ar ol, gobeithio y caf fywyd ich gweled yn fyw ag iach eto un waith bob un, mi ges lythyr oddi wrth di wngcl Ben o Dowlais ir wythnos ddiweddaf, ac yr wyf yn myned i ysgrifeni llythyr iddo nawr ar ol hwn, gobeithio ei bod yn iach oll yn Maesyffin, mi garwn gael gweled y Plant ar hen Dilen fach, ond yr wyf wedi cael ar ddeall mae Enock iw enw y Babi ac yr oeddwn wedi hala at di fam mae David Oliver oedd ef i fod gynta ffordd ath hi ar di Fam y tro hwn, ond y mae yn debyg mae ffelly y mae, ond nid oes dim i wneid, yr oeddet yn dweid y byddet yn mynd a Tilen fach i Ffair newydd, mae yn well i ti beidio rhag ofn y caiff hi anlwc genyt ac falle ei lladd, dim rhagor merch i ond fi ngofio atat yn fawr iawn bydd yn ferch dda da merch i a gobeithio y gwelith Duw yn dda i mi gael byw i gael eich gweled eto oll cofia fi at di fam ar Plant i gid, hyn oddi wrth di anwil Dad.

               J. D. Davies

Good by Rachel fach

 Ymrysoni yn fawr y mae yr hanesion a'r adroddiadau o wlad yr aur, fel mai anhawdd yw dweyd ai buddiol ai anfuddiol fydd anturio tuag yno. Tebyg mai cymysgedig o ffawd ac anffawd, llwydd ac aflwydd yw profiad y Klondeicwyr. Derbynir yn barhaus ystraeon bendigedig o ddysglaerwych am oludoedd wedi eu casglu mewn ychydig o wythnosau, ac er eu bod yn

Feb 12th 1896
Wales P.O.
Iowa
America

Anwyl Ferch Rachel,
Yr oedd yn dda rhyfed genyf gael dy lythyr di, diolch i ti am dano. ac yr oedd yn dda genyf glywed di fod yn cael iechid da ac yr oedd yn dda neilltuol genyf glywed di fod yn tendo y cwrdd ar ysgol, a di fod wedi dyni llyfr canu, da merch i os byddi yn dyni rhiui beth dyn beth da gobeithio di fod yn leicio gyda Mr a Mrs Lloyd, cofia fi attynt yn fawr, a diwed wrth Lloyd y carwn gael address John Lloyd
Rachel fach gobeithio pan caf lythyr nesaf oddi wrthyt, y byddi wedi myned at Grefydd cofia

anhygoel y mae pawb o'r braidd yn eu coelio. Y mae rhywbeth credadwy iawn mewn ystraeon hudoliaethus o gelwyddog. Daw rhai yn ol hefyd o Alaska yn adrodd hanesion anghalonogol— rhai cymwys i fagu ameuaeth a dymchwelyd anturiaeth; ond paratoi i fyned y gwanwyn nesaf y mae yr awyddus am ymgyfoethogi gyda buandra.

Y mae y dwymyn hon fel pob twymyn yn rhedeg ei gyrfa, ac yna yn troi yn ei hol o honi ei hun, fel tasai, a waeth i'r meddygon a'r physigwyr newyddiadurol a phregethwrol dewi. Yr oll o ffrwyth y cyffro a'r anhwylder fydd ychydig o wyr goludog, a thwmpathau o dan y rhai y gorwedd canoedd o anturiaethwyr aflwyddianus.

'Y Dwymyn Glondeikaidd', *Y Drych*, 17 Chwefror 1898.

Ond, pa un ai o anfodlonrwydd ar y bywyd cymharol dawel hwn, ai o uchelgais am wneud ei ffortiwn, ai drwy ddylanwad y sôn parhaus oedd yn rhwym o fod yn cyniwair drwy Ogledd America i gyd y dyddiau hynny am y cyfoeth anhygoel oedd i'w gael yn y Gogledd oer, yn sydyn, ar gyfer 14 Chwefror 1898, gwelir yn ei ddyddiadur y cofnod hwn:

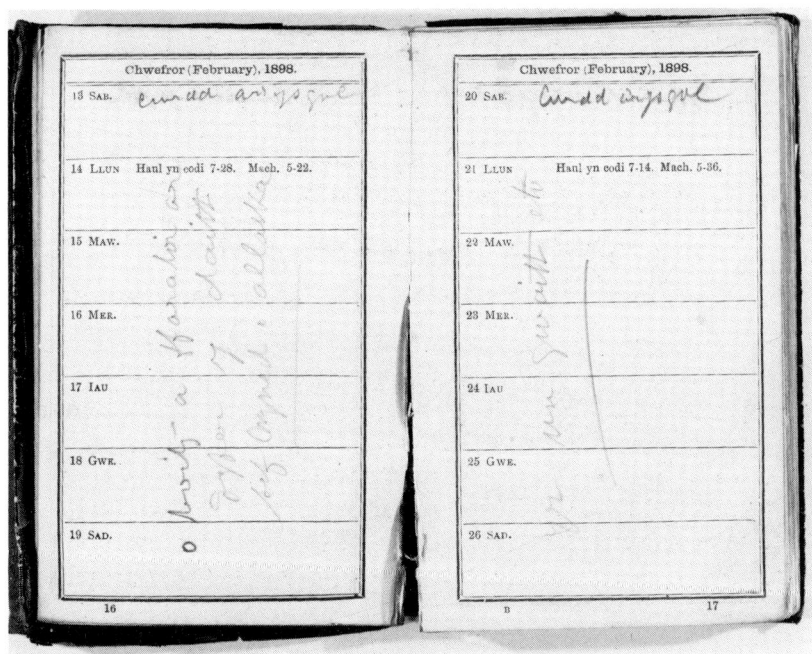

Feb 12th 1896
Wales P.O.
Iowa
America

Anwyl Ferch Rachel
Yr oedd yn dda rhyfef genyf
gael dy lythyr dy ddiolch i ti
am dano, ac yr oedd yn dda
genyf glywed dy fod yn cael
iechid da, ac yr oedd yn
dda neilltuol genyf glywed
dy fod yn tendio y cwrdd ar
ysgol, a dy fod wedi bryni
llyfr canu, da merch i os byddi
yn bryni rhiw beth bryn beth da,
gobeithio dy fod yn leicio gyda
Mr a Mrs Lloyd, cofia fi
atynt yn fawr, a diwed
wrth Lloyd y carwn gael
address John Lloyd.
Rachel fach gobeithio pan caf
lythyr nesaf oddi wrthyt, y byddi
wedi myned at Grefydd cofia

merch i, mi ges lythyr oddi wrth
Thomas ac yr oedd yn dda rhyfedd
genyf ei gael a chlywed ei fod
wedi gadel y Tobaco ar cwrw
ar ol, gobeithio y caf fynd
ich gweled yn fyw ag iach
eto un waith bob un
mi ges lythyr oddi wrth di
wncel Ben o Dowlais yr
wythnos ddiweddaf, ac yr
wyf yn mynd i ysgrifeni
lythyr iddo nawr ar ol
hwn, gobeithio ei bod yn
iach oll yn Maesyffin, mi
garwn gael gweled y Plant
ar hen Dilen fach, ond yr
wyf wedi cael ar ddeall
mae Enoch iw enw y
Babi ac yr oeddwn wedi
hala at di fam mae
David Oliver oedd ef
i fod gynta ffwrdd ath h

3)

ar di Fam y tro hwn, ond
y mae yn dechge, mae ffelly
y mae ond nid oes dim
i wneid, yr oeddet yn dweid
y byddet yn mynd a Jilen
fach i Ffair newydd, mae
yn well i ti beidio rhag
ofn y caiff hi anlwc gonyt
ac falle ei lladd, dim
rhagor merch i ond fi
ngofio atat yn fawr iawn
bydd yn ferch dda do merch
i a gobeithio y gwelith Duw
yn dda i mi gael byw i
gael eich gweled eto oll
cofia fi at di fam ar
plant i gid, hyn oddi wrth
di annwil Dad
               J. D. Davies

Good by Rachel fach

anhygoel y mae pawb o'r braidd yn eu coelio. Y mae rhywbeth credadwy iawn mewn ystraeon hudoliaethus o gelwyddog. Daw rhai yn ol hefyd o Alaska yn adrodd hanesion anghalonogol— rhai cymwys i fagu ameuaeth a dymchwelyd anturiaeth; ond paratoi i fyned y gwanwyn nesaf y mae yr awyddus am ymgyfoethogi gyda buandra.

Y mae y dwymyn hon fel pob twymyn yn rhedeg ei gyrfa, ac yna yn troi yn ei hol o honi ei hun, fel tasai, a waeth i'r meddygon a'r physigwyr newyddiadurol a phregethwrol dewi. Yr oll o ffrwyth y cyffro a'r anhwylder fydd ychydig o wyr goludog, a thwmpathau o dan y rhai y gorwedd canoedd o anturiaethwyr aflwyddianus.

'Y Dwymyn Glondeikaidd', *Y Drych*, 17 Chwefror 1898.

Ond, pa un ai o anfodlonrwydd ar y bywyd cymharol dawel hwn, ai o uchelgais am wneud ei ffortiwn, ai drwy ddylanwad y sôn parhaus oedd yn rhwym o fod yn cyniwair drwy Ogledd America i gyd y dyddiau hynny am y cyfoeth anhygoel oedd i'w gael yn y Gogledd oer, yn sydyn, ar gyfer 14 Chwefror 1898, gwelir yn ei ddyddiadur y cofnod hwn:

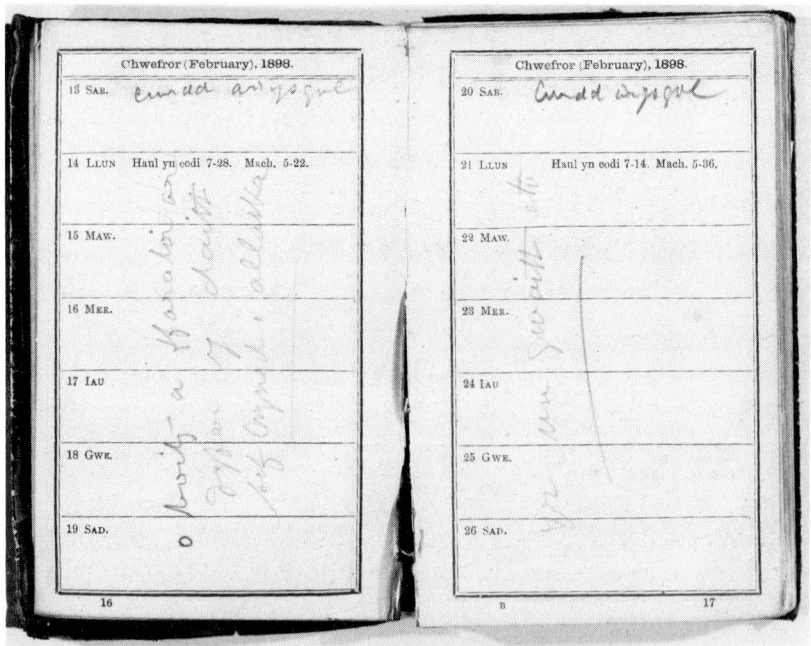

22

ac yn nhraddodiad gorau Cymru paratowyd cwrdd ymadawiad, lle canodd rhyw John Francis gân iddo:

> Y rheswm am heno ein bod wedi cyd-gwrdd
> Yw anerch dau gyfaill sy'n myned i ffwrdd,
> I chwilio aur melyn i gloddiau Klondyke
> Lluosog fydd yr ymgyrch a mawr fydd y Sight.
>
> Bydd yno y Gwyddel, yr Ysgotyn a'r Sweed,
> A'r heathen digrefydd, a'r Ellmyn ynghyd,
> Y Saeson a'r Sossin a phawb wrth y wheel,
> A neb ond y Cymro yn cadw dydd Sul.
>
> I chwi y gwyr Ieuanc eich colled fydd mawr,
> Am lywydd llenyddiaeth mi gollwch y Cawr,
> Mae'n lloni y lluaws mewn Capel a Thy,
> Bydd bwlch yn yr ardal 'rol colli John D.
>
> Yn y Capel bydd colled a gofir yn hir
> A'i le yn y dosbarth ni lenwir yn wir,
> Mor ffyddlon a pharod oedd ef yn mhob cwrdd,
> Cawn golled difesur pan elo i ffwrdd.
>
> Boed i'r golofn a'r cwmwl ei ddylyn drwy ei oes,
> Ac er aur ac estroniaid, y cyfyd ei groes,
> A'r modd bynnag daw angau ar dir neu ar ddwr
> Bydd y cyflwr yn barod a'r angor yn siwr.
>
> Mr John Francis

Fe welir fod cyfeirio at 'ddau gyfaill'. Y llall oedd Richard Davies, y credir iddo hanu o Sir Aberteifi, ac a fu'n gydymaith i John Davies hyd y diwedd. Roedd dau Sais hefyd, Hall a Mort Jackson wrth eu henwau, yn arfaethu mynd gyda hwynt, ac ar Ddydd Gŵyl Ddewi 1898, dyma gychwyn o Red Oak am Seattle yng ngorllewin America. Arhosodd yno dri diwrnod cyn ailgychwyn ar ei daith i Juneau, ac fe gaiff ef ei hun ddisgrifio'r siwrnai honno:

Juneau, Alaska, Mawrth 14

    Yn unol a'm haddewid i luaws o'm cyfeillion yn Wales, Iowa, yr wyf yn rhoddi byr hanes o'm taith o Red Oak hyd Juneau gyda'r brawd ieuanc, hoff, Richard Davies a dau gyfaill arall o'r enwau Hall a Jackson, dau Sais, ond yn feddianol ar ddynoliaeth hyfryd. Teimlad dymunol i mi oedd gweled cynifer o'm cyfeillion wedi dyfod i'n hebrwng i'r orsaf, ac yn eu plith yr hen dadau John Francis a J. G. Jones. Nid anghofiaf yn fuan y caredigrwydd a gawsom ar eu dwylaw oll.

    Wedi gadael Red Oak gyda thren y prydnawn, Mawrth 1taf cyrraeddasom Seattle, Wash, hanner awr wedi saith y boreu y dydd Gwener canlynol, ar ol taith hwylus iawn. Seattle sydd dref llawn o fywyd masnachol; ond rhyfedd mor amddifad o'r gwir fywyd. Yr oedd pob peth yn myned yn mlaen ar ddydd yr Arglwydd fel rhyw ddydd arall.

    Gadawsom Seattle hanner awr wedi pedwar dydd Llun, ar fwrdd yr agerlong Al-Ki—palas gorwych, pobl garedig ond wedi ei gorlwytho gan Klondykers. Galwasom yn Tacoma tua wyth o'r gloch yr hwyr yr un dydd; tref hardd a lle dymunol i fyw. Arosasom yno ryw ddwy awr.

    Cyrraeddwyd Port Townsend am naw yn y bore—lle bychan dinod. Erbyn dau o'r gloch dyma ni yn Victoria, B.C., tref hardd, mwy ar gynllun trefydd yr Hen Wlad, gyda llawer o adeiladau hardd a gorwych, yn neilltuol y llythyrdy a'r Senedd-dy. Yr oedd yr olaf yn un o'r rhai harddaf a welais yn fy mywyd.

    Gadawsom Victoria tua phump o'r gloch. Hyd yma rhyfeddodau dynol oeddym yn ganfod fwyaf, ond oddiyno nes cyrraedd Juneau Rhyfeddodau y Brenin Mawr sydd i'w canfod o bob tu. Yr oeddem yn myned trwy gulfor cyfyng, a'r creigiau serth, daneddog yn dyrchafu uwch ein penau, gan ymwthio drwy y cymylau tew, nes myned bron at orsedd eu Crewr. Dyma'r golygfeydd mwyaf ardderchog a welsom erioed. Tua hanner dydd dydd Iau, yr oeddym yn pasio tref fechan o'r Indiaid, ac er syndod i mi yr oedd yno addoldy. Dydd Gwener, gweler fynyddoedd o bob tu, yn orchuddiedig gan goed, ac ar eu copau yr oedd coronau diddiflanedig o eira gwyn. Dydd Sadwrn dyma ni yn Port Range, lle rhyfedd, a'r mynyddoedd yn rhy serth i allu cael lle i adeiladu arno. Yr oedd sylfeini eu tai ar foncyffion coed. Tref o Indiaid yw Range, ond y mae llawer o ddynion gwynion wedi dyfod yma yn ddiweddar. Mae y cerfluniau sydd wedi eu gosod i fyny gan yr Indiaid yma, pan ystyriom mai gwaith cyllell ydynt, yn deilwng o'u rhestri yn mhlith rhyfeddodau y byd.

    Am 10 o'r gloch boreu Sadwrn gadawsom Port Range, ac fel yr oeddem yn myned yn mlaen a'n gwynebau am y gogledd, yr oedd yr eira yn is na chopau y mynyddoedd, ac yn gwneyd ei wely wrth droed y môr gan gyhoeddi rhyfel megys ag awelon halltddeifiol y weilgi i'w yrru i ffwrdd. Oddiyno i Juneau y mae ugeiniau o fân ynysoedd nes gwneyd y lle yn bur beryglus. Wel, dyma ni wedi cyrraedd Juneau boreu Sabboth, ar ol mordaith ddymunol dros ben. Mae y daith hon yn werth y draul ynddi ei hun.

'Taith i'r Klondyke, gan Gymro o Iowa', *Y Drych*, 14 Ebrill 1898.

III

Felly, ar 13 Mawrth, dyma gyrraedd Juneau a rhoi troed am y tro cyntaf ar dir Alaska. Tref hollol nodweddiadol o'r dalaith, yr adeg honno. Yn wir, lai nag wyth mlynedd yn gynharach, nid oedd yno dref o gwbwl. Mae'n debyg i ddau ŵr, Joseph Juneau a Richard Harris, gael eu cyflogi ym 1879 gan Almaenwr o'r enw George Pilz i gloddio am aur am bedair doler y dydd. Cawsent gwch a digon o fwyd (*grub steak*) am dri mis, a dau neu dri Indiad i'w cynorthwyo. Cyn pen deufis daethent yn ôl heb lychyn o aur, wedi bwyta'r cyfan ac wedi colli'r cwch— wedi ffeirio llawer o'r pethau am ddiod neu gwmni merched Indiaidd, fwy na thebyg. Llunio rhyw gelwydd cloff wedyn i Pilz, ac erfyn am gyfle arall. Hwnnw'n gwrthod yn bendant i gychwyn, ond yn cael ei orfodi i gytuno yn y diwedd gan ei bod yn aeaf a neb arall i'w gael. Hwythau'n mynd allan yr eilwaith a'i tharo hi'n lwcus bron ar unwaith. O fewn milltir cawsant aur yn doreth yn gymysg â graean. Derbyniodd Dick Harris $75,000 a Juneau $18,000 ond bu'r ddau farw heb ddimai cyn pen fawr o dro. Sefydlwyd y dref gerllaw'r fan a'i galw'n Harrisburgh (gan Harris, wrth gwrs) ond ym 1881, gan iddo fynd â mwy na'i siâr o'r ffortiwn, mynnodd y mwynwyr eraill ei hailenwi'n Juneau.

Mae Alaska rhwng 60° a 75° i'r Gogledd a rhwng 145° a 175° i'r Gorllewin. Mae'n ffinio â Chanada ac mae tua'i hanner o fewn Cylch yr Arctig. Mae o fewn can milltir i Rwsia yn groes i gulfor Bering ac o fewn hanner can milltir i'r International Date Line. Mae'n rhyw saith mil o filltiroedd o Gymru a felly'n llythrennol ym mhen draw'r byd, gan na ellir mynd lawer ymhellach cyn dechrau nesu'n ôl at ddechrau'r daith. Rhan o Rwsia oedd Alaska tan 1867, ond wedi Rhyfel Crimea fe werthodd Rwsia'r dalaith i America er mwyn talu ei dyledion rhyfel. 586,400 milltir sgwâr am 7.2 miliwn o ddoleri—llai na dwy sent yr erw—a hynny am y tir cyfoethocaf o ran mwynau ac olew ar wyneb y ddaear. Mae'r afonydd dros y miloedd blynyddoedd wedi golchi'r mwynau o'r ddaear, yn enwedig aur, nes bod graean gwelyau'r afonydd yn llawn ohono. Ac wrth gwrs, mae yna drysor anfesuradwy eto i'w ddarganfod. Mae'r rhan fwyaf o'r afonydd, yn sicr y rhai mwyaf, yn llifo i'r Yukon, a honno wedyn i'r Môr Tawel, fel rhyw fath o dwndis i'r cwbwl. Twndis tua dwy fil o filltiroedd o hyd, a'r aur ar wasgar hyd bob milltir ohono. Byddai'r aur puraf, yr aur coeth, yn cael ei gario gan y llif nes cyrraedd y dyfroedd tawel ac yna'n suddo i wely'r afon. Byddai'r aur garw yn glynu yn yr holltau a'r agennau. Ac mae'r creigiau mewn llawer man yn haenau trwchus o aur caled (*rock gold*). Yn yr Yukon y darganfuwyd aur gyntaf, fel fflŵr yng ngwely'r afon heb fod ymhell o'i genau, ond yn ddiweddarach cafwyd mwy o lawer yn y Klondike, afon lai o faint yn llifo i'r Yukon.

Afraid dweud ei bod yn ddychrynllyd o oer yno, a chanran uchel o'r brodorion yn Esgimoaid. Rhew ac eira a gwyntoedd stormus drwy'r flwyddyn, a'r gaeaf yn ymestyn o ddiwedd Medi i ddechrau Ebrill. Y tir yn rhew solet ar hyd yr amser, heblaw'r chwe modfedd uchaf yn ystod misoedd yr haf, pan fydd yn olau drwy'r pedair awr ar hugain—ac i'r gwrthwyneb yn y gaeaf, yn dywyll bron drwy'r dydd. Daw'r haf â chymylau o fosgitos nes tywyllu'r haul weithiau, gan boeni dyn ac anifail yn annioddefol. Mae sôn amdanynt yn disgyn am ffroenau ceffylau mor dew nes eu mygu, a gyrru degau o'u perchenogion yn wallgof â'u pigiadau. Mae'r tymheredd yn y gaeaf rywle rhwng 20° a 70° o dan sero, digon i flingo llaw noeth dim ond wrth gyffwrdd â haearn, a serio unrhyw ran o'r corff a fo'n agored i'r awel. Clustiau, bochau a thraed a dwylo'n rhewi'n farw cyn bod dyn yn sylweddoli'r perygl. Mae'r tywydd mor anwadal fel nad yw proffwydo'r hin drannoeth yn bosib. Gall un diwrnod fod yn storom enbyd o wynt ac eira, a'r nesaf yn haf. Nid oes drafnidiaeth ar hyd yr afonydd am wyth mis o'r flwyddyn—maent yn rhewi'n gorn, a chyda'r dadmer a'r eira yn y mynyddoedd yn toddi, fe gwyd lefel y dŵr, yn enwedig yn yr Yukon, gymaint â deugain troedfedd. Mynyddoedd enfawr yn eira gwastadol, hafnau dyfnion a'r dŵr yn berwi'n eu gwaelodion, gwlad arw, wyllt, anghyfannedd hyd yn oed heddiw— mae'n codi arswyd hyd yn oed meddwl am drafaelu'n groes iddi bedwar ugain mlynedd yn ôl. Does ryfedd yn y byd i Anne Slibwrt ym Mhenrhiw-llan roi disgrifiad cyn ffraethed ohoni,

> 'Ro'dd y Brenin Mowr yn mo'yn diwel 'i whilber amser gillwn y chweched dydd, a dyna beth dda'th mas wedd Alaska.'

A dyna'r wlad a wynebai'r blaenor o Wernllwyn yn Juneau. Roedd hi'n bwrw eira'n drwm yno pan gyrhaeddodd ond, er syndod iddo, newidiodd y tywydd bron ar unwaith a bu'n haf yno am ddiwrnodau tra bu'n prynu ei offer ac angenrheidiau ar gyfer y daith. Yr oedd yn rheol ei bod yn rhaid i bawb a âi i geisio aur feddu'r cyfan cyn cychwyn, ac fe bwysai'r cyfan yn agos i dunnell. Mae'n anodd i ni heddiw ddychmygu ceisio symud y fath lwyth yn groes i'r ardd gefn, heb sôn am ei gargywain dros afon a cheunant, clogwyn a mynydd a llyn, heb ddim ond nerth bôn braich a choesau a chefn.

Rhestr o angenrheidiau'r daith:

1 Ffwrn ddur a phadell i ddal aur
2 Naw o fwcedi *granite*
3 Cwpan, plât, cyllell, fforc, dwy lwy, dwy ffreipan a thebot
4 Picas, llif a *whipsaw*
5 Carreg hogi, bwyell a dwy raw
6 Tair ffeil, *drawknife* a bwyell
7 Tair gaing
8 Ugain pwys o hoelion
9 Cyllell fwtshwr a morthwyl
10 Compass a *jackplane square*
11 200 troedfedd o raff
12 15 pwys o *pitch*
13 10 pwys o *oakum*
14 Tent cynfas
15 Tair siwt o ddillad isaf trwm
16 Cot *mackinaw*
17 Dau drowser *mackinaw*
18 Cot *rubber lined*
19 12 pâr o hosanau gwlân
20 6 pâr o *mittens*
21 Dau *overshirt*
22 Dau bâr o esgidiau rubber *snag proof*
23 Dau bâr o *shoes*
24 Pedair carthen
25 Dau bâr o *overalls*
26 Siwt *oilclothing*
27 Rhwyd mosgitos pum llath
28 Sled Yukon

Roedd eisiau bwyd hefyd ar gyfer y daith:

1. 40 pwys o fflŵr
2. 35 pwys o reis
3. 100 pwys o siwgr
4. 2 bwys o soda
5. 1 pwys o bupur
6. 25 pwys o afalau *evaporated*
7. 25 pwys o bysgod
8. 50 pwys o datws *evaporated*
9. 48 tun o laeth *condensed*
10. 50 pwys o *cornmeal*
11. 100 pwys o ffa
12. 8 pwys o bowdr pobi
13. 36 cacynau burum
14. Hanner pwys o fwstard
15. 25 pwys o eirin gwlanog *evaporated*
16. 10 pwys o *pitted plums*
17. 24 pwys o goffi
18. 50 pwys o flawd ceirch
19. 40 pwys o ganhwyllau
20. 200 pwys o gig moch
21. 15 pwys o halen
22. Cwarter pwys o shinshir
23. 25 pwys o *apricots evaporated*
24. 50 pwys o wynwyn *evaporated*
25. Pum pwys o de
26. 25 can o fenyn
27. 15 pwys o gawl llysiau
28. Pum bar o sebon
29. 60 blychau o fatshus

Medrai fod wedi hurio Indiaid i gario'i offer, ond fe gostiai hynny arian, arian nad oedd ganddo. Roedd rhai a cheffylau ganddynt, eraill a chŵn (*huskies*) a cheir llusg, ond y rhan fwyaf o ddigon yn gorfod ei cherdded hi'r holl ffordd, gan ddefnyddio canŵ ar yr afonydd a'r llynnoedd.

Ond gadawn i ddyddiadur ffyddlon John D. Davies ddisgrifio'r daith.

IV

7 Mawrth	Llun	Cychwyn allan ½ past 4 Steamer Alki galw yn Tecoma 8 or gloch
8 Mawrth	Maw	Galw yn y Borau am 9 yn Port Townsend 2 yn Victoria B.C.
9 Mawrth	Mer	Myned trwy y culfor nei y narrows, as they calls it
10 Mawrth	Iau	12 o'r gloch y borai mor stormus yn pasio tref Indian fychan. Capel ynddi
11 Mawrth	Gwe	Galw yn y cystom house mor yn ryff iawn mordaith dymunol wedi'r cyfan, galw yn Range
12 Mawrth	Sad	Gadael Range am 10 or gloch, cerfddelwau yr Indians gwaith cyllell yn unig
13 Mawrth	Sab	Cyrraedd Juneau am 7 bore treylio y Saboth fel chwedl, mynyddoedd uchel o'n cwmpas, bwrw eira yn drwm
14 Mawrth	Llun	Yn Juneau dywarnod o haf yr haul yn gynes
15 Mawrth	Maw	Yn Juneau hafedd iawn Pryni ein outfit gwerth pedwar can arddeg, heb law a brynwyd yn Seattle
16 Mawrth	Mer	Juneau. Hafddydd eto, rhewi y nos, rhosto y dydd
17 Mawrth	Iau	Juneau. Cychwyn am Dyea, 8 y borai, borai braf, ar fwrdd y May-flower llester bychan, 40 ar y bwrdd ice burgs yn nofio
18 Mawrth	Gwe	Cyraedd Scakway canol nos, Gadael 10 borai ar y bae yn Dyae am oriau
19 Mawrth	Sad	Cychwyn o Dyae 8 y borai Yn Sheep Camp erbyn 6 prynawn adaeladi ein tent 10 yn gorphen
20 Mawrth	Sab	Yn Sheep Camp golwg ryfedd, cofio am wyl y Pebill, dywyrnod braf
21 Mawrth	Mon	*began caring our outfit to the scale* X Drych_____X Drych
22 Mawrth	Maw	Cadw y mlaen i gario, gwlawio eira yn drwm
23 Mawrth	Mer	Cario ein Pacs i fyny ir scale i waelod y mynydd dywyrnod braf
24 Mawrth	Iau	dechrau cario i'r top y mynydd, miloedd lawer ar yr un llwybr

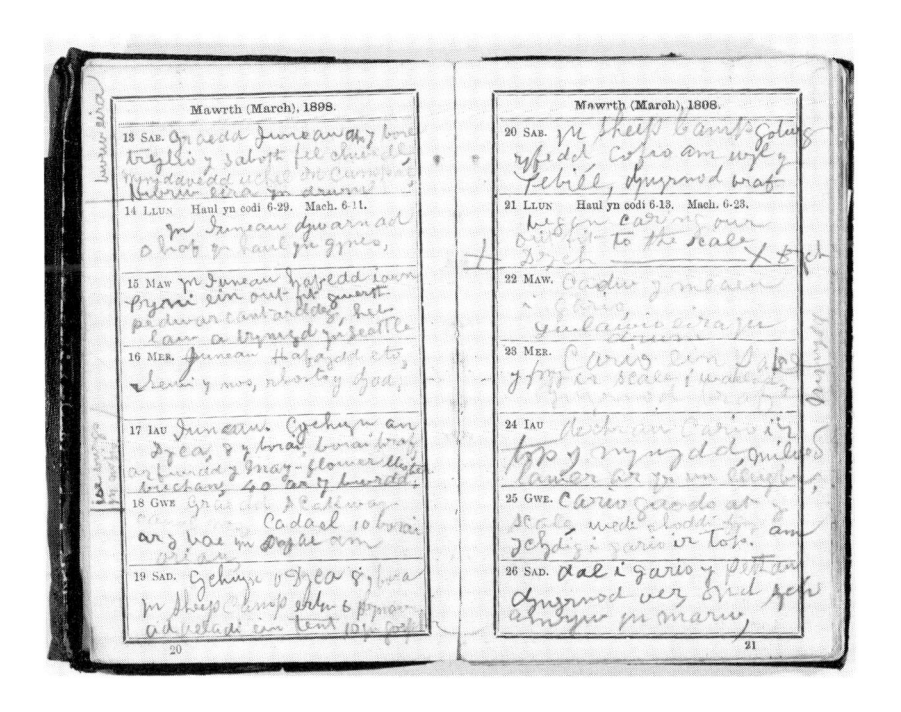

25 Mawrth   Gwe   cario goods ar y scale, wedi rhoddi fyny am ychydig i gario ir top
26 Mawrth   Sad   dal i gario y pethau   dywyrnod oer, ond sych   amryw yn marw
27 Mawrth   Sab   Dick a minau yn gorffwis ar ddydd yr Arglwydd, ar lleill yn gweithio
28 Mawrth   Llun   dal i mlaen i gario   dywyrnod braf
29 Mawrth   Maw   Packo ir top dywyrnod ofnadwy   chwythu eira yn dallu pobl   dynion yn marw wrth gario
30 Mawrth   Mer   bwrw eira yn drwm   anmosibl myned ir top, gwlaw yn y gwaelod   eira yn top
31 Mawrth   Iau   Cario ein Packau i'r summit sef top y mynydd   dydd braf.

Cwta a chynnil iawn yw llawer o'r cofnodion ac y mae llawer heb ei ddweud, a pha ryfedd o dan y fath amgylchiadau. Y rhyfeddod yw iddo bara i gadw dyddiadur o gwbl. Mae'n rhaid ei fod wedi llwyr ymlâdd pan ddeuai'r cario a'r llusgo i ben am y dydd. Byddai'r ymdrech gorfforol yn unig yn ddigon i ladd dynion llai. Ac fe wnaeth, filoedd o weithiau, wrth gwrs. Pan eir i ystyried y nerth, y gwytnwch, y penderfyniad, ie, a'r lwc hefyd, yr oedd ei eisiau i weithredu pum gair syml fel 'cario ein goods i'r scale', ni ellir llai na synnu a synnu eto. Tunnell gyfan o offer, bwydydd, pebyll, dillad—popeth y gallai fod eu hangen arnynt, i'w cario bob yn ddeugain pwys ar eu cefnau i fyny llethrau cyn serthed â tho tŷ. Mewn mannau roedd y trywydd mor serth fel y gallai dyn fod ar ei draed a'i ddwylo ac eto bron yn sefyll i fyny'n syth. A hynny gyda deugain pwys ar ei gefn yn ei ddal yn ôl. Roedd yn rhaid fod John Davies mor gryf â cheffyl.

Cychwyn â'r deugain pwys cyntaf a'i gario i fyny am tua chanllath. Ei adael yno a phlannu polyn yn yr eira i nodi'r fan—erbyn y deuent yn ôl ato, medrai cwymp o eira'n hawdd fod wedi claddu'r cyfan. Yna'n ôl i'r gwaelod eto i nôl deugain pwys arall. Dyna ddau can llath o drafaelu i symud un baich. Felly i symud tunnell byddai'n rhaid gwneud y siwrnai gron tua deugain o weithiau—trafaelu'n agos i bum milltir er mwyn symud ymlaen ganllath! Mae'n anhygoel meddwl am wneud hynny ar y gwastad ar dywydd da, heb sôn am geisio crabinio ffordd i fyny craig yn drwch o rew ac eira mewn tymestl o wynt! Ac mae 'na bobl heddiw sy'n dringo'r Wyddfa yn rhaffau ac offer i gyd, yn cael eu cyfri'n arwyr! Chware plant fyddai hynny i John Mochwr a'i debyg.

O bob ffordd i Alaska a'r Yukon, trywydd y Skagway (o'r gair Indiaidd *skagua*—cartref gwynt y gaeaf) dros y White Pass a'r Chilkoot Pass oedd y gwaethaf o'r cwbwl. A hon oedd dewis John Davies a'i gyfeillion. Yn wir, hon oedd eu hunig ddewis, gan na feddent y pres i fynd ar 'ffordd y dyn cyfoethog' ar y môr ac i fyny afon Yukon. Roedd erchyllterau'r daith, y tywydd annioddefol, a'r llynnoedd twyllodrus a'r afonydd a'u lluoedd rhaeadrau dŵr gwyn fel petaent yn cyd-gynllwynio i danseilio hynny o ddyneiddiwch a feddai'r neb a fentrai arni. Roedd y gwanc am aur yn cydio ynddo—fel twymyn yn llythrennol—fel mai prin y byddai'n gyfrifol am ei weithredoedd. Nid oedd safonau moes yn bod. Fel un yng ngafael cyffuriau, gwyddai beth roedd yn ei wneud, ond ni fedrai ei reoli. Mae'n haws deall Buchenwald a Dresden o geisio amgyffred dioddefaint trywydd y Skagway. Roedd dyn fel pe bai yn ceisio herio creulondeb y tywydd a gerwinder y daith â chreulondeb gwaeth.

Roedd llofruddio a lladd yn gyffredin. Saethwyd un a lladdwyd y llall â bwyell mewn un noson yn Skagway. Nid oedd yno lai na mil a hanner ar unrhyw adeg yn ystod trywydd '98, heb fath o gyfraith yn y byd ond cyfraith y gwn. Cyfeillion mynwesol yn cael eu gyrru i'r eithaf gan eu trueni, yn troi ar ei gilydd — un yn lladd y llall a'i gladdu yn yr eira, a thrannoeth yn ei ing yn ei daflu ei hun dros glogwyn. Aeth gweddw un *mounted policeman* ar y trywydd, hyd yn oed, nid er mwyn yr aur, ond i chwilio'r sawl a saethodd ei gŵr.

Roedd rhai ar y trywydd a cheffylau (pynfeirch) ganddynt, eraill a chŵn yn tynnu'r slediau—a druain o'r rheini. Rhwng diffyg profiad llawer o'r teithwyr o drafod unrhyw fath o anifail—pobl o'r trefi oedd llawer ohonynt—a'r creulondeb diarhebol a gydiai ynddynt ar y trywydd, ychydig iawn o gŵn a cheffylau a welodd ben y daith. Roedd curo ci i farwolaeth yn beth hollol gyfarwydd, un gŵr hyd yn oed yn cynnau tân o dan gi a gwympodd yn ei harnes, yn rhy wan i fynd gam ymhellach, a hwnnw yn ei wendid yn methu symud o'r fflamau ac yn llosgi'n gelain yn y fan a'r lle. Cledro ceffylau nes eu gwallgofi'n llwyr a llawer o'r rheini yn neidio o ben clogwyni i'r dyfnderoedd islaw, a mwy nag un o'u perchenogion yn eu cynddaredd yn neidio ar eu holau, yn wallgof hollol.

Nid y lleiaf o'r peryglon oedd y cŵn eu hunain. *Huskies* bron cymaint â bleiddiaid—a llawn mor ysglyfaethus. Fe lyncent unrhyw beth yn eu newyn parhaus—strapiau lledr a thipyn o ired arnynt, clytiau llestri os byddai argoel o saim yn eu cylch, sgidiau cyfain a chanhwyllau, yn fflam a chwbwl. Roedd ganddynt ddannedd a dorrai drwy dun samwn neu *bully beef* fel siswrn sinc, a thaerai ambell un eu bod yn medru darllen y lebel hefyd! Ac nid oedd llawer o'u perchenogion, chwaith, fawr gwell. Am tua mis cyntaf y daith, wrth gwrs, roedd eu stoc o fwydydd yn weddol gyflawn, ond yn ystod y mis hwnnw prin y trafaelient bymtheng milltir. Cymerodd ddeunaw diwrnod i John Davies deithio'r pedair milltir gyntaf, a deg wythnos i gyrraedd Llyn Tagish—ac yr oedd ei amser ef yn agos â bod yn record. Fel yr âi'r daith yn ei blaen prinhau a wnâi'r bwyd a gwaelu a wnâi nerth ac iechyd. Llaweroedd yn ddigon ffodus i golli dim ond eu heiddo dan afalans, a'u gadael wedyn i rewi a newynu ar ymyl y llwybr. Nid oedd trugaredd. Y cryf, a'r ffodus, yn unig a fyddai byw.

Roedd y llwybr mor gul mewn ambell fan fel na fedrai dau geffyl basio'i gilydd arno. Felly roedd y teithwyr yn un llinell fain yn cyrraedd am filltiroedd—unrhyw anffawd neu oedi yn y pen blaen a dyna'r cyfan yn gorfod aros. Tagfa draffig gynta'r byd, siŵr o fod, a hyd nes symudid y rhwystr nid âi neb gam ymhellach. Rhesi o danau ar ymyl y ffordd yn wincio fel sêr yn y tywyllwch yr holl ffordd i ben y mynydd, a dynion syn, fel petaent heb wybod beth a'u trawodd, yn rhynnu yn yr oerfel. Bochau, clustiau, traed a bysedd yn rhewi'n farw. A'r ceffylau druain, ddiwrnodau cyfan weithiau, yn aros yn eu hunfan a'u llwythi ar eu cefnau, ac yn trengi ar eu traed.

Pethau bob dydd oedd niweidiau ac anafiadau erchyll, llawer iawn ohonynt yn angheuol, a heblaw fod gan ddyn gyfeillion i'w ymgeleddu fe'i gadewid i farw y man lle syrthiai. Roedd clefydau megis llid yr ymennydd, sgyrfi a niwmonia yn rhemp, heb fath o feddyginiaeth yn y byd, wrth gwrs, a'r perygl parhaus o afalans neu ddellni'r eira yn bygwth pawb. Dau ddewis oedd —mynd ymlaen at farwolaeth bosib, neu aros yn yr unfan am farwolaeth sicr. Nid âi neb yn ôl, o leiaf yr oedd cwmni ar y ffordd i'r uffern ymlaen.

Yn anterth rhuthr y Klondike roedd yr Indiaid brodorol wedi gweld cyfle i wneud ceiniog drwy warchod Bwlch y Chilkoot (fe'i henwyd ar ôl y llwyth hwnnw) ac nid oeddynt hwy fawr gwell (na gwaeth yn wir) na llawer o'r teithwyr. Nid peth anarferol oedd iddynt ymosod a dwyn holl eiddo rhyw ddringwr anffodus, a lladdwyd mwy nag un ganddynt. Codent ryw fath ar doll am yr hawl i groesi'r bwlch, ac os methai hynny, codent ddoler y pwys am gario'r paciau. Os bu lle erioed lle'r oedd pawb yn elyn i bawb, (ac iddo'i hun hefyd, yn aml) hwn ydoedd. Sut yn y byd y medrodd John Davies gadw'i bwyll a'i ddyneiddiwch ar y fath daith? Roedd yr un twymyn arno â'r lleill! Ond yn ddiamau fe'i tymherwyd gan safonau amgenach. Hiraeth am ei deulu a Horeb, disgyblaeth ei grefydd a'r pethau hynny sydd erioed wedi gosod dyn ychydig yn uwch na'r anifail. Nid er dim y canodd gynt am 'aur y byd a'i berlau mân'. P'un a dalodd ei holl ddyledion mewn arian bath ai peidio, fe'u talodd mewn poen ac ymdrech ganwaith drosodd ymhell cyn cyrraedd gwlad yr aur.

> Anialdir annuwioldeb—ac encil
>   Pob gwanc a chreulondeb,
> Rhyw druan ŵr ar dir neb,
> O, mae hiraeth am Horeb.

V

1 Ebrill	Gwe	eirlaw trwm yn Sheep Camp chwythi eira ar ben y mynydd perygl bywyd i fyned i fyny
2 Ebrill	Sad	yr eira yn dyfod i lawr methu packo dim, gorphwys yn ein tent
3 Ebrill	Sab	yr un fath heddyw eto yr eira yn dysgin, ar eira yn sleidro or mynydd fel taranau, snow slide
4 Ebrill	Llun	Stormio ar eira yn dyfod i lawr dim pako, cael y cyrph allan
5 Ebrill	Maw	eira enbyd ambell i spel, treio packo or scales i'r top gorfod rhoi i fyny
6 Ebrill	Mer	Gorphen packo ir top, sef y summit
7 Ebrill	Iau	Packo or top i Creder lake. Storm o eira megys ar un waith
8 Ebrill	Gwe	wedi cael ein goods i gid i Creder lake

Y GROGLITH

9 Ebrill	Sad	Cychwyn o Sheep Camp am Lake Linderman storm yn ofnadwy, cyraedd erbyn nos, crwyn yn wlyb yn ddall gan eira
10 Ebrill	Sab	tywydd go lew, gorphwys

Y PASG

11 Ebrill	Llun	stormio yn enbyd yn amosibl i ddyn i fod allan
12 Ebrill	Maw	dai ohonom yn mofyn llwythi o Creder lake y tri arall yn gorwedd yn ddall
13 Ebrill	Mer	stormio ac yn bwrw eira Pawb yn ei dent
14 Ebrill	Iau	gormod o eira i alli myned allan, trenfy coed at y Camp snow slide claddu 5
15 Ebrill	Gwe	Paco o Creder lake i lake linderman
16 Ebrill	Sad	yr un gwaith yn stormio yn enbyd
17 Ebrill	Sab	Dick a mynau yn gorphwys
18 Ebrill	Llun	Paco o linderman, i lake Benett
19 Ebrill	Maw	yr un fath eto gwaith caled, canion yn rhedeg allan
20 Ebrill	Mer	Packo yr un fath tewydd braf
21 Ebrill	Iau	Symud ein camp o lake linderman i Lake benet

DRYCH

22 Ebrill	Gwe	Symud i ene yr afon cael adeiladi ein bot

23 Ebrill	Sad		Paratoi coed i adaeladi Bot
24 Ebrill	Sab		Gorphwys
25 Ebrill	Llun		½ gweithio yn y Saw Mill yn lle lumber at y boat haner dywyrnod
26 Ebrill	Maw		yr un fath
1 Mai	Sab		Gorphwys
2 Mai	Llun		Gweithio am lumbur at y Boat
3 Mai	Maw		Gweithio eto
7 Mai	Sad		Gwedi gorphen gweithio am y Boat
8 Mai	Sab		Gorphwys
9 Mai	Llun		Bildio ein cwch
15 Mai	Sab		Gorphwys
16 Mai	Llun		corco y cwch
17 Mai	Maw		dwbio ein cwch a phig
18 Mai	Mer		Gollwng y cwch i'r afon
19 Mai	Iau		Paratoi ein hwyl ar y cwch Hall a minau

Y DYRCHAFAEL

20 Mai	Gwe		Bwrw eira yn drwm
21 Mai	Sad		Paratoi coed ar y tan
22 Mai	Sab		Gorphwys ar lleill yn hela
23 Mai	Llun		Paratoi a gorphen y cwch
24 Mai	Maw		Gwneud rhwyfau i'r cwch Brynawn dathlu pen blwydd Victoria yn benett
25 Mai	Mer		Paratoi i gychwyn o benet
26 Mai	Iau		Cychwyn ar yr afon i'r llyn sef bennet sando ar y sandi yn gene yr afon anlodo hyd 12 y nos cysgu yn y cwch
27 Mai	Gwe		storm am 2 y bore tyn am y lan, cael tir yn ddiogel am 4 y bore Campo hyd ganol dydd aros dros y nos
28 Mai	Sad		Cychwyn yn y borai storm ar y Lake benett wedi bod am oriau yn treio am y lan ac yn methu
29 Mai	Sab		Gorphwys y gwynt yn chwythi yn enbyd ar y llyn

Y SULGWYN

30 Mai	Llun		Cychwyn yn y bore Cyraedd head quarters y Police yr ia yn cofr y dwfr
31 Mai	Maw		aros yn y pen uchaf Lake Tagish gormod o rew lle braf tewydd cynes
1 Mehefin	Mer		Cychwyn am Tagish Cyraedd am 4 or gloch aros ar y rafon cysgu yn y cwch

DATE OF ISSUE 28ª Aug 1899   No. 64297

DOMINION of CANADA

FREE MINER'S CERTIFICATE.

PLACE OF ISSUE Dawson — NON-TRANSFERABLE. — VALID FOR ONE YEAR ONLY.

This is to Certify that _Franc Baker_ of _Dawson_ has paid me this day the sum of _Ten Dollars_ and is entitled to all the rights and privileges of a Free Miner, under any Mining Regulations of the Government of Canada, for one year from the 29th day of Aug 1899.

This Certificate shall also grant to the holder thereof the privilege of Fishing and Shooting, subject to the provisions of any Act which has been passed, or which may hereafter be passed for the protection of game and fish; also the privilege of Cutting Timber for actual necessities, for building houses, boats, and for general mining operations; such timber, however, to be for the exclusive use of the miner himself, but such permission shall not extend to timber which may have been heretofore or which may hereafter be granted to other persons or corporations.

Countersigned,

E. C. Senkler
To be Countersigned by the Gold Commissioner,
Mining Receiver, or by an Officer or
Agent of the Department of Interior.

_____
Deputy of the Minister of the Interior.

Tystysgrif mwynwr, o'r fath y byddai'n rhaid i John Davies ei chael

2 Mehefin	Iau	bore braf aros am ein trwydded gan y Police Cychwyn am 10 or gloch
3 Mehefin	Gwe	Dros Marsh Lake am 30 mile river Campo 20 milltir i lawr yn y rafon fi yn cysgu yn y cwch
4 Mehefin	Sad	Cychwyn yn fore an gwyneb am y Canion a White Horse Rapids. 3 dyn yn boddi Llawer o gychod yn mynd yn ddarne
5 Mehefin	Sab	hwilio ar y 30 mile River Cyraedd hootalinqua river yr un dydd cyraedd genau big Samon pellter o 32 miles

6 Mehefin	Llun	Cychwyn yn y bore am little Samon cyraedd haner dydd Hwilio am 5 fingers [*rapids*]
7 Mchefin	Maw	five fingers haner awr gwedi 6 y bore, taro y graig yn canol yr afon Rink Rapids 7 Pelly river canol dydd
8 Mehefin	Mer	Cychwyn am 5 yn y bore Cyraedd White River boiti 6 or gloch Cyraedd Stewart River 8 Camp
9 Mehefin	Iau	Cychwyn haner wedi pump Cyraedd 60 mile 12 or gloch Pasio Indian Crick 4 or gloch Cyraedd Dawson am 7 rhwyr.

VI

A dyma ddinas Dawson, San Francisco'r Gogledd yr adeg honno, ac arhosodd yno wythnos gyfan. Roedd yn rhaid i bawb a âi i'r Klondike fynd drwy Dawson. Miloedd ar filoedd mewn cabanau pren a phebyll, heb drefn na chyfraith ond trechaf treisied, gwannaf gwaedded, a'r aur a'r gwanc amdano yn rheoli'r cyfan. Mae'n anodd i ni heddiw ddychmygu'r fath le. Pob gradd ar ddynoliaeth a'u hanner yn ceisio'r aur, a'r hanner arall yn ei wario. Ac fe lwyddai'r ddau, a phle bynnag y bydd dynion a chyfoeth fe fydd yno ferched hefyd. Y gwanwyn hwnnw glaniodd stemar o'r enw *Rideout* yn Forty Mile Creek ac arni ddau gant o ferched dawnsio ar gyfer tafarnau Dawson. Ac y mae'n rhaid fod cniff ar y rheini, hefyd, achos mae rhai o hanesion y cyfnod yn deilwng o draddodiad gorau'r Mabinogion. Enwau a ddaeth yn rhan o chwedloniaeth y Gogledd— Big Nose Kate a Nellie the Pig (siawns na fyddai honno wedi apelio at John Mochwr!). Eskimo Nell wedyn, nad oes angen ond crybwyll ei henw (yn wir, nad doeth gwneud dim mwy na chrybwyll ei henw) i'r neb a fu ar daith rygbi! A Poker Alice. Alice Ivers yn fedyddiedig, os bedyddiwyd hi o gwbwl. Trafod y cardiau oedd ei hoffter hi—a thrafod dryll. A chan iddi fyw i oedran teg ac ymgyfoethogi'n rhyfeddol mae'n rhaid ei bod mor llwyddiannus â'r naill ag yr oedd â'r llall. Medrai flingo asyn, medden nhw, mewn dwy funud—a'i berchen mewn tipyn llai! A'r enwog Chicago Lil. Cnoi baco, meddwi, ymladd (roedd ganddi gic yn ei dwrn de na fyddai ar asyn ymadawedig Poker Alice gywilydd ohoni)—nid oedd dim na fedrai ei wneud cystal ag unrhyw wryw. A rhai pethau a wnâi yn well!

Eu bwriad i gyd, a merched y ddawns hefyd, oedd denu cymaint o'r aur ag oedd yn bosib yn yr amser lleiaf posib, o bocedi (a bwcedi'r) mwynwyr. Medrai'r gwŷr eu hurio i ddawnsio am hyn-a-hyn o aur yr awr. Mae hanes am ryw Americanwr wedi llwyr ddwlu ar ddawnsio yn prynu gwerth dwy fil o ddoleri a bu wrthi am bedwar diwrnod heb stop, a thair neu bedair dawnswraig yn gweithio shiffts i'w gadw i fynd! Gwariodd ei gyfan ar ddawnsio ac yna aeth allan i'r Klondike i mo'yn bwcedaid arall a dod 'nôl a phrynu un o'r merched am tua hanner hwnnw. Aeth â hi'n ôl i'w gaban, ond doedd hi ddim yn ei siwtio, rywsut, felly dyma fe'n ôl â hi eto a phrynu dwy'r un fath â'r hanner bwcedaid oedd dros ben. Efallai ei fod wedi clywed John Davies y blaenor yn adrodd yr hen adnod honno mai 'da yw dwy i bawb'.

Un o'u hoff ffyrdd o ddenu cwsmeriaid oedd sefyll yn rhes o flaen y salŵn a dechrau dawnsio gan gicio'u coesau a'u peisiau i fyny gymaint fyth, fel merched y *can-can*. Y dynion wedyn yn taflu nygets o aur i mewn i'r peisiau, a pho uchaf yn y byd y teflid yr aur, uchaf oll yr âi'r peisiau a'r coesau, wrth gwrs. Ac mae'n rhaid fod yna un Cardi o leiaf ymhlith y torfeydd, achos nid peth anarferol fyddai i rywrai daflu carreg neu ddwy neu lwmpyn o glai, a chael mwynhau'r sioe am ddim. Yffarn o ffeit wedyn, a'r cyllyll a'r drylliau cyn uched ag oedd y coesau gynnau fach, ac nid unwaith na dwywaith y dymchwelwyd y lampau olew a rhoi'r salŵn i gyd ar dân. Yn wir, ar nos Galan 1899, fe losgwyd Dawson i gyd i'r llawr—dyna i chi galennig! Cadwai'r merched eu dwylo'n llaith â gwirodydd drwy'r amser—er mwyn i ddwst yr aur lynu wrthynt. Sychu'r dwylo mewn rhyw bocedi dirgel yn eu dillad isa a'r rheini wedyn yn cael eu gwacáu o'r llwch gwerthfawr pan ddôi cyfle. Mae 'na fwy nag un ffordd o grogi ci, medden nhw, a mwy nag un ffordd o gloddio aur hefyd.

Denid yno bob math o dwyllwr, swynwr a siarc. Unrhyw beth i dynnu torf a denu'r aur. Dyn yn rhoi hanner dwsin o wyau tsheini yn ei geg ar y tro—a byw yn iawn wedyn. Rwsiad ac arth wedi ei dysgu i ddawnsio gydag ef, a llawer ffŵl yn talu arian mawr am gael dawnsio gyda'r arth. Efallai fod honno'n saffach na rhai o'r pethau eraill oedd yno! Yr iâr gyntaf yn cyrraedd y ddinas a thorf enfawr yn talu i gael ei gweld yn dodwy'r wy cyntaf. Honno lan ar lwyfan uwchben, a'r betio, gellwch fentro, yn uwch o dipyn na chlochdar yr iâr, druan. Beth bynnag, gan gymaint y ffws a'r sŵn, fe fethodd yr iâr yn lân â dodwy yn wyneb haul llygad goleuni, fel petai, a rhoddwyd ail gynnig arni drannoeth. Fe lwyddodd y tro hwn—erbyn meddwl, doedd ganddi fawr o ddewis erbyn hynny!

Yn ystod sbri o tuag wythnos gwnaeth Cut Throat Johnson fet â thorf o bobl y torrai ei wddf ei hun yn gyhoeddus! (Ai dyma'r enghraifft gyntaf o'r jôc Wyddelig?) Fe ddechreuodd arni ond er torri drwy'r croen yn ddwfn hyd nes bod y gwaed yn tasgu, fe fethodd â thorri'r wythïen, a'r dorf yn cymeradwyo'n wyllt a gweiddi *'encore'* a'i annog i'w threio hi'r eilwaith. Tyfodd farf yn ddiweddarach i guddio'r creithiau a bu fyw am flynyddoedd.

Roedd gamblo'n rhemp yno—betio ar unrhyw beth. Dau ŵr yn betio deng mil o ddoleri pwy allai boeri agosaf at grac yn y wal. Betio ar rasus corynnod. Betio ar ddedfryd hynny o gyfraith ag oedd yno—pwyllgor o fwynwyr—pan gyhuddid rhywun o drosedd, ac roedd hynny tua dwywaith y dydd. Dedfrydwyd un lleidr i gael ei fflangellu hanner canwaith yn gyhoeddus. Betio wedyn ar faint y medrai ei oddef. Torf eto'n dod i weld y cosbi a rhai'n gweiddi, 'Digon' a'r lleill, 'Rhagor', nid o dosturi na chyfiawnder yn gymaint ag o bryder am eu haur. Tynnodd rhyw fenyw ffotograff ohono'n cael ei gosbi a gofyn iddo wynebu'r camera, hanner ffordd drwy'i artaith! Wedi'r gosb aeth yntau'n ôl i'w waith a'r gair LLEIDR wedi ei wnïo yn ei gefn.

Cymdeithas â phris ar bopeth ond heb werth ar ddim—dim hyd yn oed yr aur y rhoddai'r byd oddi allan gymaint o bwys arno. Roedd hwnnw yn werth ffortiwn o'i gael allan o Alaska, ond yn y Klondike ei hun, faint oedd ei werth? Dim, yn aml. Ei werth swyddogol oedd doler yr owns, ond beth oedd hynny i rywun ar newynu, dyweder? Talodd un gŵr o Sweden ddwy fil o ddoleri am dorth o fara a chwe chant am het. Doedd gwerth cymharol y ddeubeth ddim yn dod iddi o gwbwl. Roedd ganddo aur, nid oedd ganddo dorth. Felly, dyma gyfnewid un am y llall. Roedd bocsaid o sigârs yn wyth can doler, gwin yn dair mil, a phâr o sgidiau, hyd yn oed, yn bymtheg doler. Digon rhad o'u cymharu â'r sigârs a'r gwin, efallai, hyd nes ystyrir fod hynny'n agos i bedair punt, pan oedd cyflog gwas mawr ar fferm yng Nghymru yn llai nag ugain punt y flwyddyn! Roedd fel petai'r dwst melyn hwn yn y tir wedi chwalu pob synnwyr o gydbwysedd, pob ffon fesur o weddeidd-dra a feddai'r neb a gyffyrddai ynddo.

Ond os oedd costau byw yn uchel, roedd costau marw'n waeth. Gofynnid tua dwy fil o ddoleri am gludo corff o'r mynyddoedd yn ôl i'r dref, a chymerai dri diwrnod i ddyn dorri bedd, gan mor galed roedd y tir wedi rhewi. Hyd yn oed ganol haf dim ond rhyw chwe modfedd o'r wyneb oedd heb rew—am y gweddill, ei naddu allan fel naddu craig, ac fe gostiai owns o aur i olym y bicas. Roedd hoelion arch yn wyth doler a hanner y pwys. Hynny yw, roedd yr hoelion dros hanner pris yr aur, bwys am bwys.

Ond fe ddaeth rhyw fath o wareiddiad yn ddiweddarach. Ymhen blwyddyn roedd y Bank of British North America a'r Canadian Bank of Commerce wedi eu sefydlu. Daeth yr eglwys hefyd. Y Tad Judge a'i hadeiladodd, â'i ddwy law ei hun, ac o goed i gyd. Styllod garw ar ddau flocyn yn seddau, to a gwaliau amrwd ddigon, ond lle i gynnau lamp y Ffydd yn y Sodom honno. Llosgwyd yr eglwys gyntaf honno i'r llawr drwy ryw ddamwain ond ailgododd y clerigwr ffyddiog hi, a chyn pen fawr o dro roedd yno Eglwys Gatholig, Eglwys Loegr, Eglwys Fethodistaidd ac Eglwys Byddin yr Iachawdwriaeth.

Gan gymaint y torfeydd a dyrrai i Dawson, ac anhawster symud bwydydd yn ystod misoedd hir y gaeaf, bu newyn mawr yno yn niwedd 1897 a dechrau 1898. Pob math ar glefydau yn lladd y bobl wrth y cannoedd, ac i geisio lliniaru peth ar y dioddef penderfynodd Congress brynu stoc o geirw i fwydo'r boblogaeth. Prynwyd dros bum cant ohonynt o Norwy a'u cludo drwy Efrog Newydd i Seattle ac oddi yno ar stemar i Haines Mission ar derfyn y Dalton Trail ar y Lyn Canal gan obeithio eu gyrru dros dir i fyny i Dawson. Cyraeddasant Haines ym Mai 1898. Naw mis yn ddiweddarach yr oeddynt yn dal ar y ffordd i Dawson. Roedd yn fis Ionawr 1899 arnynt yn cyrraedd—gymaint ohonynt ag oedd ar ôl. O'r pum cant o'r anifeiliaid gwydn hyn, yn gyfarwydd ag oerni Gogledd Norwy a'i holl galedi, ychydig dros gant a fedrodd ddioddef naw mis yn Alaska.

Gwallgofai'r mwynwyr fwyfwy gan eu caledi. Torrwyd i mewn i ystordai a phan ddaeth cargo o fwyd i fyny'r Yukon ysbeiliwyd deg tunnell ar hugain ohono dros nos. Rhybuddiwyd pawb am ddyfodiad y newyn hwn, a John Davies yn eu plith cyn iddo adael Red Oak. Ond yr oedd blys yr aur yn drech na phopeth, a dod yn llif ar lif a wnaethant wedyn, ac nid o gyfeiriad Juneau a thros y tir yn unig. Roedd yna ffordd arall—'ffordd y dyn cyfoethog'. Ar y môr o Seattle i St Michael ac i enau afon Yukon, yna i fyny'r afon ac i'r Klondike, yr holl ffordd ar y dŵr. Cychwynnodd tua mil ac wyth gant ar y daith hon ym Medi 1897. Ond ni wyddent fod yr afon yn rhew solet o Fedi hyd Ebrill. A thri a deugain yn unig a gyrhaeddodd Dawson cyn diwedd y gaeaf, ac o'r rheini fe aeth pymtheg ar hugain yn ôl yn syth wedi methu â phrynu offer na dim at gloddio—y cyfan yn afresymol o ddrud. Felly, o'r deunaw cant a gychwynnodd ar y daith, wyth yn unig a fu'n cloddio am aur, a sawl un o'r rheini, ys gwn i, a welodd ddim ohono? Wedi bod ddeng mis ar y daith o Seattle!

Ym 1894 sefydlwyd Police Post yn Forty Mile Creek gerllaw Dawson a bron ar y ffin rhwng Canada ac Alaska, a'r plisman cyntaf a ddaeth yno oedd Inspector Charles Constantine o'r North West Mounted Police. Doedd yno ddim un math o gyfraith cyn hynny, ar wahân i bwyllgorau'r gweithwyr. Ac ef oedd y gyfraith a'r proffwydi, fel petai. Y peth cyntaf a wnaeth oedd ceisio cael rhyw dipyn o drefn ar gyfreithiau. Roedd alcohol yn waharddedig yn Alaska cyn hynny, ac ar yr un pryd roedd yno bum bragdy! Un o'r pethau cyntaf a wnaeth oedd codi treth ar yr *hootchinoo* lleol hwn. Gwaharddodd hefyd ferched y ddawns rhag gwisgo blwmers, o achos y pocedi a'r dwylo gwlybion, siŵr o fod. (Byddai'n ddiddorol gwybod sut yr âi ynglŷn â sicrhau fod y gyfraith honno'n cael ei chadw!) Ond yn bwysicach na hynny i ni, fe'i gwnaeth yn gyfraith ei bod yn rhaid i bob perchen canŵ a chwch a âi ar hyd yr afonydd a'r llynnoedd ddynodi rhif y cwch yn amlwg arno.

Sefydlwyd hefyd Police Post arall—ar Lyn Tagish—a'r Inspector Bobby Belcher yn arolygu rhifnodi'r cychod yno. Bu cael hyd i gofnodion y plismon hwn yn brawf digamsyniol o daith John Davies a'i gyfeillion drwy ei dyfroedd geirwon.

Gwelir fod y cychod wedi eu rhifo yn olynol
wrth gychwyn ar draws Llyn Bennett

Rhai o'r ychydig a lwyddodd i groesi Llyn Tagish

VII

Arhosodd yn ninas Dawson a phleserau'r byd hwn am wythnos, a phwy a omeddai iddo beth newid wedi erchyllterau'r saith gan milltir yr oedd newydd eu trafaelu? Y peth cyntaf a wnaeth oedd mynd allan i'r Klondike i'w 'gweled yn golchi y llwch'. Ac yna digwyddodd rhywbeth nad oes cofnod iddo nac esboniad amdano. Penderfynodd nad âi i'r Klondike o gwbwl. Mae'n wir fod sôn yr adeg honno yn Dawson fod aur wedi ei ddarganfod gerllaw Nome, yn agos i enau'r Yukon, bron ddwy fil a hanner o filltiroedd i ffwrdd, a bod cannoedd o fwynwyr y Klondike wedi cychwyn *stampede* tuag yno. Mae'n bosib hefyd, ac yntau bellach yn deithiwr profiadol, iddo sylweddoli nad oedd modd mynd yn ôl yr un ffordd, ac y byddai'n rhaid iddo, petai am ddychwelyd i Gymru rywbryd (neu i Iowa o ran hynny), fynd i lawr yr Yukon i St Michael. Gwyddai hefyd nad âi yr un cwch ar hyd-ddi ond yn yr haf—felly yn awr amdani, a lladd dau dderyn ag un garreg. Nid oes awgrym i'w gasglu am yr union reswm, ond dyna a wnaeth. O ran hynny, mae nifer o bethau yn ei lyfrynnau bychain toreithiog ef nad oes modd eu llwyr ddehongli bellach, gwaetha'r modd.

Yma a thraw ceir cofnod am ddyddiad arbennig, a chyda'i ymyl y gair *Drych* wedi ei nodi a chroes o bobtu iddo. Mae'n ddigon hawdd deall fod a wnelo hynny â Newyddiadur Cenedlaethol Cymry America. Yr oedd yn ddarllenwr cyson arno, ac yn gyfrannwr lled fynych iddo. Ond beth yw arwyddocâd y dyddiadau? A oedd yn anfon rhywbeth i'r *Drych* ar y dyddiadau hyn? Neu ai derbyn copi yr oedd? Prin y gall yr un o'r ddau fod yn wir achos digwydd un cyfeiriad ato ar 21 Ebrill, ac yntau ar y pryd yn 'symud ein camp o Lake Linderman i Lake Benett'. Prin ei fod yn medru anfon dim i'r *Drych* o'r fan honno, ac oni bai ein bod yn siarad am flaenor mi ddywedwn 'mod i'n dam siŵr na fedrai ei dderbyn chwaith! Digwydd yr un peth drannoeth iddo gyrraedd Dawson. Y mae yno, ond ni wyddom pam. Parhaed y dirgelwch.

Felly, ac yntau wedi penderfynu bwrw am enau afon Yukon a Nome, dyma wneud peth annisgwyl arall. Yn hytrach na chadw ar yr Yukon i gyfeiriad Circle City a Fort Yukon i'r Gogledd, y mae'n cychwyn i fyny afon Fortymile, heb fod ymhell iawn (yn nhermau Alaska) o Dawson. Pam? Nid oes sôn fod aur wedi'i gael y ffordd honno. Fe all mai tynnu plet oedd ei fwriad. Os edrychir ar y map mae'r Yukon yn llifo i'r Gogledd o Dawson gan wneud hanner cylch anferth hyd ymyl Cylch yr Arctig ac yna'n ôl i'r De-orllewin i gyfeiriad aber afon Tanana. Efallai mai ei fwriad oedd byrhau'r daith drwy fynd i fyny afon Fortymile at ei tharddell, croesi'r mynyddoedd at darddell afon Tanana, ac yna mynd i lawr honno at ei chymer ag afon Yukon yn Weare (fel yr oedd y pryd hwnnw—Tanana ydyw bellach). Yn ôl y map mae hynny'n edrych yn rhesymol, fe fyrhâi'r daith sawl can milltir. Ond wrth gymryd y Fortymile yr oedd am y tro cyntaf yn mynd yn erbyn y llif, ac fe'i harafwyd yn enbyd. Ond yr oedd i hynny hefyd ei fendith. Fe gafodd ei arian yn ôl gan y Customs and Excise. A pha Gardi nad âi drwy ddŵr a thân am hynny o fwynhad!

Gan ei bod yn haf, roedd yn olau drwy'r amser, ac yntau weithiau'n methu gwybod lle'r oedd un diwrnod yn gorffen a'r llall yn dechrau. Fwy nag unwaith gwelir fod ei ddyddiadur wedi ei gywiro rywbryd yn ddiweddarach. Ar y dyddiad fel a'r fel—'Dydd Gwener, ond Dydd Sadwrn ydoedd'. Penbleth arall yw'r cyfeiriadau weithiau at 'gwch' e.e., 'Paratoi a gorphen y cwch', a phryd arall at 'bot' neu *'Boat'*, e.e., 'Gwedi gorphen gweithio ar y Boat'. Ai canŵ oedd y naill a chwch y llall?

Caled ac araf oedd y siwrnai i fyny'r Fortymile. Mae cofnod fel hwn yn dweud y cwbwl, bron:

> 20 Mehefin   Llun   Cychwyn yn y bore am y canion, symyd yn y blaen rhyw 4 can llath.

Mewn diwrnod! Ond roedd trannoeth yn waeth:

> 21 Mehefin   Maw   Cychwyn am 5 y bore drwy y canion, nagos colli ein outfit.

A hyd yn oed pe digwyddasai hynny byddai ganddynt ddigon o gwmni. Allan o dair mil o gychod a geisiodd fynd drwy'r Kluteena Rapids dim ond dau gant a ddaeth drwyddi heb golli na bywyd nac eiddo. Ac yr oedd Rhif 607, cwch John Mochwr, yn un ohonynt. Dim ond y 'packo' tragwyddol a'u galluogai i symud ymlaen o gwbwl. Dadlwytho'r cwch yn y dŵr bas, ei gario ymlaen nes cael digon o ddŵr, ac yna cario'r llwyth ymlaen ato bob yn ddeugain pwys ac ail-lwytho'r cyfan, dro ar ôl tro ar ôl tro. Ar 25 Mehefin, y dydd Sadwrn, dyma 'cychwyn heddyw am y line, sef Uncle Sam', a chyrhaeddwyd y ffin rhwng Canada ac Alaska am dri o'r gloch drannoeth.

Yn yr oes honno, fel yn awr, byddai gofyn talu toll wrth y ffin ar nwyddau a gludid i mewn i'r gwahanol wledydd, ond caniateid i'r mwynwyr, oni byddent yn aros yn hwy na rhyw amser penodedig yng Nghanada, gael ad-daliad cyn croesi'n ôl i America (Alaska) i chwilio am aur. Ac ar 29 Mehefin cofnodir iddynt 'gwneyd ein Cash yn ymil Uncle Sam, rhani a dodi pob peth yn lle'. Aethpwyd ati yn ogystal i wneud 'bot bychan i fyned i fyny ir afon'. Canŵ, fwy na thebyg, gan y byddai hwnnw'n dipyn haws ei drafod (a'i gario hefyd) yn erbyn y llif. Ac ar y Sadwrn, 2 Gorffennaf, haleliwia!—'Derbyn 6 o lythiron am y tro cyntaf i mi gael llythyr wedi gadael Wales . . .'—dri mis ynghynt!

Mae'r cofnodion ar y Suliau, gydol yr amser, bron yn dweud cymaint am gymeriad John Davies â chofnodion gweddill yr wythnos gyda'i gilydd, beth bynnag am ei gryfder a'i benderfyniad. 'Gorphwys', 'Gorphwys a'r lleill yn gweithio', 'Dick a mynau yn gorphwys, y lleill yn hela', a mwy nag unwaith, 'Gorphwys, gwlawio yn drwm. Rhagluniaeth yn gweithio er cadw y Sabboth'. A hawdd y gellir ei ddychmygu yn ymladd â'i gydwybod pan welir:

> 17 Gorphenaf Sab   teithio y fyny ar y Misqito ffork yr oedd yn rhaid canlyn y gang, adnewyddy'r cwch.

Nid ef yw'r cyntaf, ac nid ef fydd yr olaf i gael esgus sy'n lleddfu'r euogrwydd ar y Sul. Nid yw'n gymaint syndod, chwaith, o weld amled yw'r cyfeiriadau at 'adnewyddu'r cwch' a 'pitsho ein bot', fod ei gwch ef yn un o'r ychydig a ddaeth drwyddi'n ddiogel. Os oedd gofal a medrusrwydd llaw yn golygu rhywbeth, boed yn waith saer, gof neu deilwr, mae'n berffaith sicr y byddai 'bot' John Davies yn abl i hwylio'r Atlantic.

Dal i ymlafnio i fyny'r afon am weddill y mis, ac y mae mwy o sôn ganddo am yr Indiaid yn yr wythnosau hyn nag a welir ar hyd yr holl daith. 'Casho [sef ffeirio, gallwn feddwl] ein goods gyda'r Indiaid. Gyda'r Cheff', yn ei eiriau ef. Dyma bron yr unig fan hefyd lle y cyfeiria at ansawdd y tir:

> 26 Gorphenaf Maw Cychwyn yn fore iawn, croisi yr afon 1 o'r gloch, Gwneyd amser da, canoedd o filoedd o aceri or tir ameithyddol gore weles erioed

ac yn nes ymlaen:

> Trafaelu yn dda, ambell i ddarn go lew, aros gyda Indiaid, darn o facwn.

Ond, wedi brwydro'i ffordd i fyny afon Fortymile er canol Mehefin, chwe wythnos dda ynghynt, wele gyrraedd tarddell yr afon a chyfarfod â phum dyn gwyn. Rhagor o ffeirio â'r rheini, y tro hwn am fflŵr, ac yna drwy'r canion ac at darddiad afon Tanana ar y nawfed ar hugain o'r mis:

> 29 Gorphenaf Gwe Gwneyd tredi am flour. Cychwyn ar yr afon dydd dyweddaf Cael y village [*Indiaid*] 2 or gloch, Cyraedd Tannana 5.

Rhyfeddod pellach. Mae'r grŵp yn gwahanu, Hall a Mort Jackson yn cychwyn i lawr y Tanana i gyfeiriad Weare, a John Davies a'r lleill yn troi'n eu holau a dod i lawr afon Fortymile:

> 30 Gorphenaf Sad Cychwyn nol am 5 yn y bore, trafeilu rhyw 30 o filltiroedd Gang o Indiaid yn Campo ar y mynydd.

A dod nid chware! Cyn gynted ag y cawsant y llif o'u cefnau fe wnaethant ddeng milltir ar hugain y diwrnod cyntaf. A thaith a gymerodd iddynt chwech wythnos o lafur diarbed ar y ffordd i fyny yn cael ei chwblhau ar y ffordd yn ôl mewn pymtheng niwrnod, a hynny er gwaethaf gorfod aros ar lan yr afon ddau ddiwrnod, un yn taclu'r cwch a'r llall yn gorffwys, a cholli'r trydydd yn gorfod 'Paco drwi y Canion'. Beth oedd y rheswm am y fath drafaelu? Roedd y llif gyda hwynt, wrth gwrs, ond ys gwn i a oedd yn rhywbeth bach, bach i'w wneud â'r cofnod nesaf hwn:

> 15 Awst Llun Cael y diwti nol yn Forty Mile.

Y 'cash' hwnnw a adawsent gydag Wncwl Sam chwe wythnos

ynghynt! Mae'n beth rhyfedd na fyddai John Davies, gyda'i fanylder ef, wedi nodi faint oedd y swm yr un pryd. Ond mae nodyn yng nghefn ei ddyddiadur, y gellir bod yn weddol siŵr ei fod yn cyfeirio at y peth, sy'n dweud 'Duty $336'. Ond pa faint bynnag oedd, fe'i cawsant yn ôl, ac fe fyddai ganddynt yn ychwanegol ar y daith i lawr yr Yukon. Ac i goroni'r cwbwl, derbyniodd bedwar llythyr.

Wedi bod yn Forty Mile (y pentre) am bedwar diwrnod, eto'n paratoi'r cwch—cwch arall erbyn hyn, achos ar ddydd Iau yr unfed ar ddeg yr oeddynt wedi '. . . Gwneyd Trade am foat arall ar yr afon' (Iau, 11 Awst), a bwrw'r Sul yn 'Gorphwys heddyw a duolch am hynny' (Sab., 21 Awst), ac yn bwysicach fyth, 'Derbyn llythyr o gartref' (Llun, 22 Awst)—dyma gychwyn ar fore'r ail ar hugain am Tanana. Beth oedd yr achos dros newid y cwch? A oedd y llall wedi cael gymaint o'r gwaethaf wrth hwylio'r Fortymile fel nad oedd trwsio arno? A oedd hynny yn rheswm arall am y gwahanu a'r dod yn ôl i lawr yr afon? Beth bynnag, am unwaith, mae'n nodi man penodedig i fwrw ato, ac er cael '. . . fog mor dew na welwn dim on llaw' (Mer., 24 Awst)—mae yn gwneud amser rhagorol i Circle City, sy'n amlwg yn destun cryn falchder iddo, achos mae'n mynd i'r drafferth i nodi ar ymyl y ddalen—'Pellter o 170 i 190' (milltiroedd). A hynny mewn pedwar diwrnod! Yr oedd, yn amlwg, fel y buasai ef ei hun yn ei ddweud, 'yn hedfan daear'. Tua phymtheng milltir ar hugain y dydd!

Ymlaen heibio i Fort Yukon a Fort Hamlain gan gychwyn bob dydd tua phedwar yn y bore (roedd hi'n olau dydd bron drwy'r amser), heibio i Munook a thrwy y 'canion Rampart' lle'r oedd rhaeadrau peryglus iawn, nes cyrraedd gerllaw y man lle'r oedd afon Tanana yn cwrdd ag afon Yukon, ar gyfer y Sul, 4 Medi:

> 4 Medi Sab Cychwyn heddyw eto rhyw 6 milltir i Tanana taith dywyrnod Sabboth. Gwlawio yn drwm 12 canol dydd.

Lled-awgrymir mai rhyw fynd yn eu pwysau a wnaent y diwrnod hwnnw, rhyw hanner torri'r Sabath, o orfod, fel petai—fel y gweddai i flaenor, wrth gwrs!

Roedd yno ynys weddol o faint bron yng ngenau afon Tanana,

gellid barnu, ac yn y fan honno, ar lan yr afon, y gosodasant eu pabell, gan aros yno i ddisgwyl Hall a Mort Jackson. Fe gofir iddynt wahanu am ryw reswm yn nharddell afon Tanana, bum wythnos yn ôl. Buont yn disgwyl amdanynt hyd yr wythfed ar hugain, dair wythnos yn ddiweddarach. Felly nid oedd y tynnu plet i fyny'r Fortymile ac yna i lawr afon Tanana yn byrhau dim o'r daith o ran amser, beth bynnag am bellter. Mewn gwirionedd, fe'i hymestynnodd o chwe wythnos. Ond, wrth gwrs, fe gawsent y 'diwti' yn ôl.

VIII

Sefydlwyd gwersyll ar lan yr afon ac yn agos i'r ynys, ac er garwed oedd hwnnw, y mae'n rhaid ei fod yn nefoedd wedi'r paco tragwyddol, a pheryglon creigiau a rhaeadrau a dŵr bas ar hyd y daith. Ac yno y buont yn disgwyl am y lleill. Mae'n amlwg iddynt benderfynu mai hwn oedd eu cartref i fod, o leiaf dros y gaeaf hwnnw, achos dechreuasant gwympo coed ar yr ynys, i'w defnyddio'n goed tân, ac i'w gwerthu'n ogystal.

Hyd yma, drwy holl beryglon ac anawsterau'r daith o Juneau, nid oes sôn i'r un ohonynt gael unrhyw niwed nac anhwylder o unrhyw fath. Ac nid yw hynny'n ddim llai na gwyrth. Bu farw dau ar bymtheg mewn un noson o lid yr ymennydd yn unig. Yn wir, er pan gyrhaeddodd America gyntaf, dair blynedd ynghynt, nid oes gofnod mewn na llythyr na dyddiadur gan John Davies iddo gael diwrnod o salwch. Canmol ei ffawd yn hynny o beth, a diolch i'r Hollalluog a wna yn ddieithriad. Ond drannoeth iddynt gyrraedd eu gwersyll newydd, wele'r cofnod hwn:

      6 Medi Maw Cadw gwelu   sal iawn, dim ond y gwaed yn
                             dyfod trwodd

ac yntau'n ŵr canol-oed erbyn hyn. Eithr, yn wyrthiol bron, ymhen tridiau y mae fel cricsyn eto. Ond pan ddechreua'r anffodion, fe ddônt â'u cwmni gyda hwynt. Henry yw'r nesaf. Torri ei glun â'r fwyell yn union wedi i John Davies ddod i ailgydio yn ei waith. A chwympo coed a'u llusgo allan i geulan yr afon a'u crynhoi yn garnau yno a fu eu gwaith bob dydd am fisoedd. Coed tân, coed adeiladu a choed i'w gwerthu gogyfer â chloddio am aur. Yr unig ffordd i gloddio yn y tir rhewllyd oedd cynnau tân, aros i'r tir odano ddadlaith tipyn, cloddio wedyn, ac ailgynnau, yn ddi-ben-draw.

Daeth y *boys*, Hall a Mort Jackson, i lawr ar y Tanana a chyrraedd y gwersyll erbyn diwedd mis Medi, a phedwar arall gyda hwynt. Ac y mae'n dra siŵr fod yno aduniad i'w gofio wedi bod, wedi deufis ar wahân, heb i'r naill wybod hynt y llall, a oedd byw ai peidio. Nid yw'n ddim i ryfeddu ato mai Hall a Jackson a ddewisodd fod gyda'i gilydd, a Dick yn aros gyda John Davies. Buont felly oddi ar eu hamser yn Red Oak. Ond y mae'n amlwg hefyd oddi wrth y cofnodion Sabothol, fod Dick yn nes at anianawd y blaenor o Wernllwyn na'r un o'r lleill. 'Tori coed, Mort a mynau', 'Hall a mynau yn llusgo allan', 'Ar yr ynys, Henry a mynau', ac yn y blaen yw hi fynychaf ddyddiau'r wythnos—ond pan ddaw'r Sul, 'Dick a mynau' yw hi bron yn ddieithriad, o'r cychwyn cyntaf. Roedd Dick yn Gymro; roedd hynny o fantais ganddo i gychwyn, wrth gwrs, ac er nad oes fawr o sôn am drafod pethau crefydd rhwng y ddau gyfaill, ceir yr argraff, os nad oedd Dick yn grediniwr hollol, nad oedd chwaith heb gydymdeimlad â'r Ffydd.

Erbyn hyn y mae'n siŵr iddynt drefnu rhyngddynt a'i gilydd y ffordd orau i fynd ynghyd â byw a chwilio am aur. Roeddent wedi gweld sut yr oedd yr amgylchiadau ar y Klondike, ac yn ddiamau wedi trafod pethau gyda nifer o fwynwyr eraill wrth eu cyfarfod o dro i dro ar eu taith. Wedi'r cyfan, nid oedd cwrdd â dieithriaid mor gyffredin fel y gallai neb esgeuluso'r cyfle o holi perfedd ei gilydd ynglŷn â phob manylyn o newyddion oedd ar gael. Aent am wythnosau cyfain weithiau heb gwrdd â neb o'r tu allan i'w grŵp bach eu hunain. Yr oeddent, hyd y gellir casglu, yn griw o tua phump ar y mwyaf. Hall a Mort Jackson, a Henry, nad oes sôn o ble na phryd yr ymunodd â hwy, Dick Davies a John Davies. Daw eraill i mewn i'r cofnodion am ddiwrnod neu ddau o bryd i'w gilydd, a diflannu wedyn. Rhai yn aros yn y gwersyll gyda hwy dros nos, neu tra parhâi storom neu gyfnod o dywydd gwael. Eraill ar eu ffordd i lawr yr Yukon tua'r arfordir, ac angen bwyd neu drwsio cwch neu offer arnynt. Er eu bod yn wŷr caled ac annibynnol, pwysai pawb yn drwm ar ei gilydd. Roedd yn gymdeithas hollol wahanol i gwmnïaeth anwar trywydd y Skagway.

Er y byddai'r caletaf o'r hen *sourdoughs* o bosib yn dilorni'r syniad ei fod yn geidwad ei frawd, er hynny ufuddhâi i ryw fath o reol aur i gadw'i gymydog yn fyw petai'n ddim ond oherwydd y gallai ef ei hun orfod dibynnu arno rywbryd yn y dyfodol. Chwilient am aur nid yn unig yn y gobaith o ymgyfoethogi, ond am eu bod wrth ei chwilio yn ddynion rhydd.

Deuent i mewn i Alaska yn grwpiau o tua deg neu ddwsin gyda'i gilydd, er mwyn diogelwch yn ogystal ag er mwyn rhannu beichiau'r trafaelu—cychod ac yn y blaen. Yna wedi iddynt gyrraedd rhyw fan penodedig, ymwahanent yn grwpiau llai i fynd allan i brosbectio, hynny yw, i chwilio am arwyddion aur. Medrent guddio mwy o dir felly ac fe fedrai dau neu dri fyw mewn caban neu babell dipyn llai nag y byddai ei angen ar grŵp mwy. Pe digwyddai i un o'r grwpiau daro ar lecyn lle'r oedd aur, cofrestrent yr hawl ar y cyd â'r grwpiau eraill yn fynych. Gan y byddent yn gorfod byw yng nghwmni'i gilydd am gyfnodau maith allan yn yr unigeddau, roedd yn hollbwysig fod pawb yn dewis partner cydnaws. Daeth yr ymwahanu hwn yn rhyw fath o ddefod a ddisgrifiwyd gan un hen *sourdough* ymhen blynyddoedd.

Safent oll yn gylch gan gydio dwylo a breichiau wedi eu croesi, gan adael un yn y canol, hwnnw fel rheol yr un mwyaf huawdl ohonynt, ac fe fyddai wedi paratoi brawddeg neu ddwy o anerchiad. Yna gwaeddai pawb, 'Llefara,' a dechreuai yntau, rywbeth fel hyn: 'Wele ni yng ngwlad y rhew a'r eira. Ni wyddom i ble yr awn. Gwelsom y dagrau ar ruddiau ein tadau a'n mamau, ein brodyr a'n rhai bychain wrth godi llaw ffarwél, a'n calonnau yn llawn gobaith am eu gweld drachefn. Ac yn awr, wrth weld y dagrau'n cronni yma, gwn ei bod yn ddyletswydd ar yr olaf un ohonom i ddweud am yr hyn a wnaethom a'r hyn a ddywedasom.'

Pa un a wyddai John Davies a'i gyfeillion am yr arfer hwn ai peidio, y mae'n blaen fod ymrannu o'r fath wedi bod. Yr oeddent wedi bwrw'u hadnoddau at ei gilydd yn gynnar ar y daith, yn fwydydd, offer, ac arian hefyd. John Davies oedd y canghellor, ac arno ef y syrthiodd y baich o rannu'n deg â phawb. Ac er ei bod yn amlwg fod rhai ohonynt yn ofidus iawn wrth wneud hynny, rhannu a wnaed. Mae mantolen ar glawr yn dangos yr eiddo i'w rannu. Y syndod mwyaf yw fod ganddynt swm o arian gymaint â phedair mil o ddoleri rhyngddynt—mil o bunnoedd. Swm a fyddai'n cyfateb i tua chan mil heddiw. Ac yr oedd John Davies eisoes wedi gwario pedwar cant ar ddeg ar offer yn Juneau, yn ogystal â rhywfaint yn Seattle. Mae dyn yn rhwym o feddwl, os oedd cymaint â hynny o eiddo gan John Davies cyn gadael Red Oak, oni fyddai hynny wedi clirio ei ddyledion yng Nghymru? Neu a oedd y syniad, yr ysfa am wneud ffortiwn, erbyn hyn wedi dechrau cydio ynddo, a'i grefyddolder, dros dro, yn colli tir i'r gwanc am bethau'r byd hwn?

...anal to the Jacksons

872	...	
20		
2		
3		
1	50	
1	50	
2	50	
	75	
1	5 00	
6	00	
6	00	
	5 0	
1	2 50	
40		
1		
87	50	
1	50	
1	50	
2		
3		
1		
1		
1		
6		
16	0	
87	50	
103	50	
72	65	
$ 30	85	

Oct 4th 1873

Rhai yr arian ar arian

Derbyn Rhan [illegible]

Ymadawson yn ein dai 315 70

Treiliau

Tali	am stove	20	..
Do	fring Pan	2	..
Oct 5	2 dai gan a fel	3	
Do	Concordian	5	
Do	Llanen Lara	3	
Do	Coffee Pot	2	50
Do	Saws	2	40
Do	Brace & bits	6	
Nov 8th	3 Stove pipe	2	25
Do 9th	2 Do Do	1	50
Nov 1th	recorded a claim	5	
Do 2th	Do Do	5	
		57	65
Oct 4th	2 Cans of honey	3	
Oct 5	1 Do Do	1	50
Do	1 Can of Lard	1	50
Nov 2	Bucket	2	50
Do	pipe for Henry		75
Nov 13	3 Can of meat	1	50
Nov 14	6 Can of baking Powder	6	0
Nov 16	Do Do	6	0
Do	2 Spool of thread		50
Do	5 yards of [illegible]	1	25
Do	6 Sacks of flour	40	
Nov 17	a[illegible] kindle	1	
Dec 6	1 Can of Lard	1	50
Dec	1 Can of honey	1	50
Do	4 Cans of meat	2	
Do	6 Cans of tomatoes	3	
Do	2 Cans of peas	1	
		74	50

2 Hydref	Sab	Gorphwys, y bechgyn yn enbyd eisie i mi aros gyda nhw
3 Hydref	Llun	rhani yr Outfit
4 Hydref	Maw	darpary i fyned i fyny i'r afon i dori coed
5 Hydref	Mer	Boys yn myned i waered islaw y Mistion i dori coed
6 Hydref	Iau	Dick a minau yn myned i fyny 8 milltir, dyfod i nol i aros ar yr unis yr un dydd
7 Hydref	Gwe	gosod ein Tent i fyny, an Outfit, Cadw dyletswydd Deuluaidd
8 Hydref	Sad	Paratoi i dori coed dydd llun, Dick yn gofyn bendith ar ei fwyd am y tro cyntaf erioed
9 Hydref	Sab	Gorphwys yn ein tent, y Saboth cyntaf gwedi i ni rani, a duolch am y Saboth hwn, darllen ein Beiblau.

Mae'n amlwg fod pentre bach o ryw fath, casgliad o gabanau a phebyll digon geirwon fwy na thebyg, yn Weare, ar lan ogleddol afon Yukon ar bwys lle rhedai'r Tanana iddi, a deuai rhai o'r pentrefwyr ar eu tro i ymweld â gwersyll John Davies a'i griw. Mor gynnar â 22 Medi, cyn i Hall a Jackson gyrraedd o'r Tanana, hyd yn oed, mae cofnod fod 'y Proff ar yr inis'. Na phwy na beth oedd swydd y Proff hwn, nid yw'n glir, os nad oedd yn cadw rhyw fath o stordy yn Weare, achos gwelir cofnod rai misoedd yn ddiweddarach—'helpu Proff yn y store yn yr hwir'. Ond y mae'n dangos fod cymdeithas yn dechrau tyfu yno. Dynion yn cyd-gwrdd, cyfeillachu (ac anghytuno, mae'n siŵr,) cyd-obeithio a chyd-alaru—mewn gair, gwareiddiad yn gwreiddio wedi barbareiddiwch trywydd y Skagway. Ac fel y bu hanes gwareiddiad erioed, fe geisiodd John Davies wella'i stad. A'r gaeaf yn nesáu, dechreuodd godi caban parhaol iddo'i hun yn Weare.

Buont wrthi'n ddi-fwlch am bythefnos, a'r tywydd yn oeri, oeri o hyd, ond drwy lwc heb fod yn bwrw eira nac yn chwythu digon i rwystro'r adeiladu. Ond er mor bwysig oedd cael rhyw fath o dŷ yn ddiddos cyn y gaeaf, nid aberthai ef ei Saboth er mwyn cysur corfforol. Ac ar ddydd Iau, 10 Tachwedd, mae nodyn buddugoliaethus i'w glywed yn y cofnod moel:

    10 Tachwedd Iau Symud i fyw i'r Cabin heddyw.

To coed uwch ei ben a llawr coed odano, rhagor lleithder ac

oerni'r babell, a gwaliau o bolion trwchus a heriai hyd yn oed stormydd Alaska. Stôf o'i waith ef ei hun yn un pen, ('gwneid y gwaith gof fi hun'), a'r simne yn rhedeg ar hyd un wal, a honno bron yn cochi weithiau. A ninnau'n credu mai peth newydd yw gwres canolog! Ac yr oedd ei angen. Fel yr âi'r gaeaf yn ei flaen aeth y thermomedr i lawr hyd 71 dan sero, bob yn ail â stormydd o eira a barhâi am ddiwrnodau cyfan, fel nad oedd modd mentro allan drwy'r drws. Hyd yn oed ar ddiwrnodau gweddol, a'r dyddiadur yn nodi—'Tori coed ar yr ynys heddyw', neu 'Heddyw eto y coed', beth oedd 'heddiw'? Prin deirawr o olau dydd yn gwahanu dau dywyllwch, waeth mae'n nodi ar 20 Rhagfyr, y noson cyn diwrnod byrra'r flwyddyn:

> 20 Rhagfyr Maw ... haul yn codi am 11 or gloch, machlyd am qr wedi 2.

Y coed oedd eu gwaith beunyddiol. Cwympo, darnio, hollti, llusgo allan a 'chordio',—eu didoli yn gordiau (roedd cord o goed yn fesur o 128 o droedfeddi ciwb) yn barod i'w gwerthu. Ond yr oedd yn rhaid cadw un glust yn astud am y newyddion diweddaraf ym myd yr aur, a phan ddôi si am ddarganfod peth, yr oedd rhywrai ohonynt yno gyda'r cyntaf:

> 29 Hydref Sad Wallice a Dick yn cychwyn am y Stampeed i Bevar (Beaver) Creek.

Ac y mae'n rhaid fod peth llwyddiant wedi bod achos cofnodir ar ddydd Sadwrn, 5 Tachwedd fod '... Dick a Walice yn dod nol heno wedi stako 3 Claim, Dick 2. Walice 1'.

Yr arfer oedd i fwynwr lygadu darn o dir y credai fod ynddo aur mewn rhyw gilfach neu wely afon a gosod pyst o'i gylch i nodi'i hawl arno, ac yna cofrestru'r hawl gyda'r awdurdodau lleol. Costiai cofrestru pob *claim* bum doler. Ond yn yr amser rhwng hawlio a chofrestru (ac fe allai hynny fod yn rhai diwrnodau weithiau, gan fod rhai o'r cilfachau filltiroedd o'r swyddfa gofrestru agosaf) roedd perygl parhaus i rywrai eraill neidio i mewn (y *'claim jumpers'* bondigrybwyll). Ceid rhyw fath o drwydded i weithio'r hawl honno wedyn am flwyddyn. Ond oni allai dyn brofi iddo wneud gwerth can doler o waith ar ei 'hawl' yn ystod y flwyddyn, fe gollai'r drwydded i'w gweithio. A chyda llaw, y mae'n ddiddorol sylwi, fel y mae John

Davies yn dechrau cyfarwyddo ag Alaska, fod geirfa ac ymadroddion y mwynwyr yn lliwio'i ddyddiadur. Mae 'stako' a 'claim' a 'jumper' a 'stampede' ac yn y blaen bellach yn rhan o'i eirfa bob dydd, ar yr un pryd ag y mae ambell i 'myned i waered' yn dal i dystio o hyd i ddylanwad Gwernllwyn arno.

Ar y dalennau hynny o'r dyddiaduron a neilltuwyd ar gyfer nodiadau, mae gan John Davies doreth o gyfrifon am dreuliau bwydydd a gwahanol siwrneiau, cyfeiriadau ac yn y blaen, ac er nad oes dyddiadau pendant wrthynt, maent yn cynnig llawer o fanylion sy'n cyfannu'r darlun o'i fywyd.

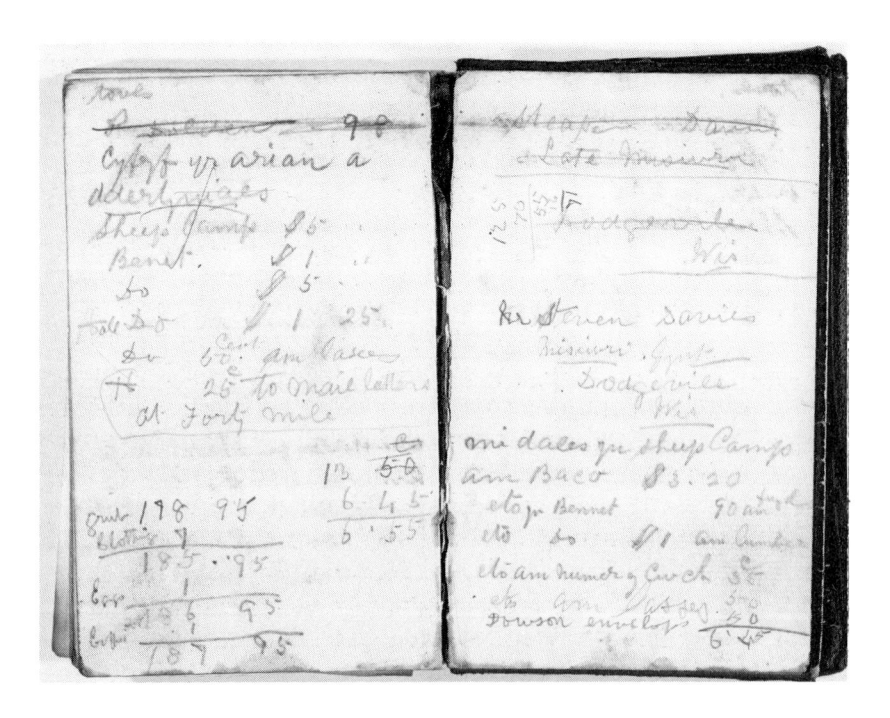

Yn ôl cof lleol, arferai wisgo sbectol dywyll ar ddiwrnodau heulog cyn iddo adael Sir Aberteifi, peth go anarferol yr adeg honno ac enghraifft arall o'r duedd 'Americanaidd' ynddo. Efallai nad oedd ganddo lygaid i ddal golau cryf iawn, ond yn sicr byddai mwy fyth o angen sbectol o'r fath arno yn Alaska, lle'r oedd golau'r haul ar glaerwynder yr eira yn ddigon i ddallu dyn. Nid yw'n syndod, felly, gweld nifer o gyfeiriadau ganddo at wario ar 'lasses'—eu prynu a'u trwsio, ac at 'Snow Blind', ys dywed ef.

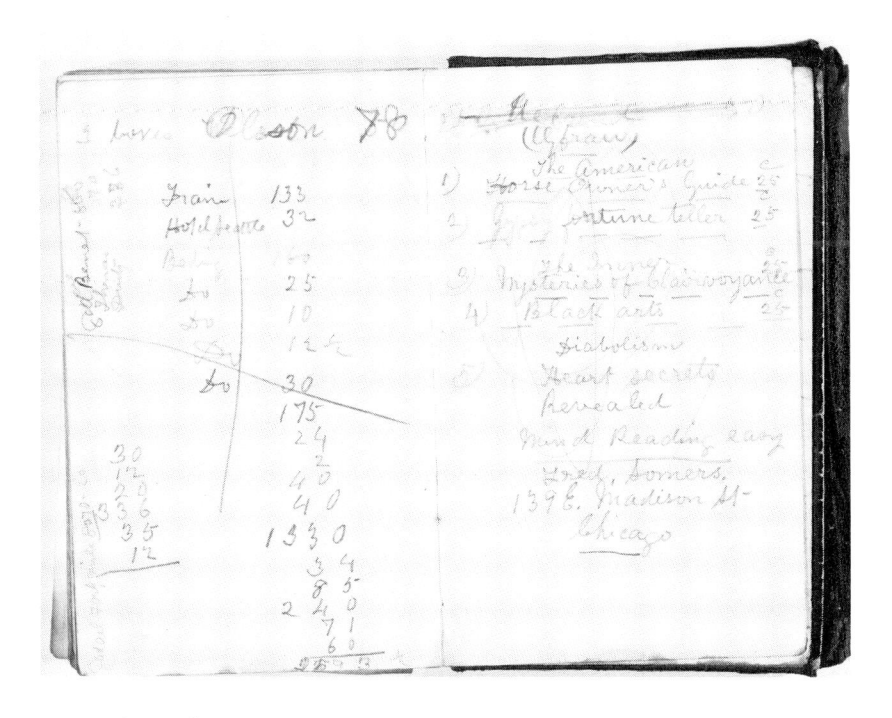

Mae'n amlwg, hefyd, iddo ddarllen yn bur helaeth, yn enwedig o gofio ei fod mewn gwlad mor anghysbell ac anghyfannedd. Darllenai'r Beibl yn gyson, wrth gwrs, a'r *Drych* a'r *Celt* pan gâi afael arnynt (mae cyfeiriadau golygyddion y ddau bapur hwnnw i'w gweld nifer o weithiau ymhlith ei bapurau), yn ogystal â'r *Gold Digger*, a chyfrannai lythyron iddynt yn weddol fynych. Ond mae rhai o'r llyfrau a archebai oddi wrth Fred Somers yn Madison Street, Chicago, yn deffro chwilfrydedd dyn ynglŷn â diddordebau blaenor o Annibynnwr. *The North American Review* (a chydag ymyl enw'r cylchgrawn nodyn o werthfawrogiad, 'Papur da iawn'), *The American Horse Owner's Guide*, *Gypsy Fortune Teller*, *The Inner Mysteries of Clairvoyance*, *Black Arts*, *Diabolism*, *Heart Secrets Revealed* a *Mind Reading Made Easy*, a gostiai iddo bum sent ar hugain yr un.

Cadwai gofnod hefyd o lyfrau a fenthycwyd ganddo neu y rhoddodd eu benthyg i eraill—llyfrau ar Butler, Darwin ac Adams gan D. W. Jones o Red Oak, ac un ar Josephus gan y John Francis hwnnw a ganodd gân iddo pan ymadawodd â Wales— 'Yr Hen Dadau' fel y galwodd hwynt yn ei lythyr i'r *Drych*.

Nododd iddo adael 'Llyfrau yn Ty R. Owen a dyllad', fwy na thebyg pan gychwynnodd ar ei ffordd i Alaska o Red Oak— Mynegair, Esboniad, Hanes yr Eglwys er y Dechrau ynghyd ag 'enciclopidia'. Digon i brofi fod ei chwaeth lenyddol yn weddol eang.

Ond yn fwy arwyddocaol hyd yn oed na hynny, mewn llyfryn sydd â'i holl gyfeiriadau ariannol mewn doleri, ceir cyfrif manwl am swm o £169 - 10 - 0. Cyfanswm pedwar ar ddeg o symiau cymharol fychain gydag enwau nifer o ffermydd heb fod ymhell o Horeb wrth eu hochrau. Nid yw pob enw yn ddarllenadwy—ond gellir darllen enwau fel Pant £3 - 0 - 0, Talgoed £18 - 0 - 0, Penffynnon £18 - 10 - 0, Penlan £11 - 0 - 0, Pantbach £12 - 0 - 0, Rheng-gae £9 - 0 - 0 ac Eglwys Newydd £10 - 0 - 0 yn ddigon eglur, yn ogystal â D.J.E. £13 - 0 - 0, a W. James £9 - 0 - 0. Enwau lleoedd y mae'n dra thebyg y bu'n prynu moch ynddynt ers llawer dydd, ac sy'n awgrymu'n weddol gryf fod y dyledion hynny wedi eu clirio.

Braidd yn wahanol i'w arfer, hefyd, mewn nodyn wedi ei ddyddio 'July 15' yn unig, mae awgrym fod rhyw anghydfod wedi bod rhyngddo a D. W. Thomas, a ddaeth i mewn i Alaska gyda'r cwmni (gweler rhestr yr enwau ar gwch rhif 607), ac yr hoffai gael gafael arno:

> D. W. Thomas this man that came in with us over the Pass, stole a boat from Frankling gulch, belong to an Italian, & never paid his road Houses, two fellows told me they were working with him all winter.

Mae'n rhaid mai Gorffennaf 1900 oedd hi, achos nid oeddent wedi cyrraedd yng ngaeaf 1898. Ond sut na fyddai'r cofnod yn ei ddyddiadur ar gyfer y dyddiad hwnnw, yn hytrach nag ar ddalen ar wahân? Ond pam, o ran hynny hefyd, na fyddai'n nodi yn ei ddyddiadur fod cofrestru'r cwch wedi costio iddo bymtheg sent ar hugain, neu fod cofrestru hawliau ar 1 Tachwedd wedi costio pum doler yr un? Hwyrach y teimlai fod ei ddyddiaduron yn bethau iddo ef ei hun, tra oedd mantolenni cyfrifon, ac yn y blaen, yn ymwneud â'r cwmni'n gyfan.

Wrth i'r hydref gerdded yn ei flaen, rhewai'r afon drosti, gan atal pob trafnidiaeth ond ar droed neu ar sled. Cychwyn â'r timau cŵn wedyn i lusgo'r coed allan, a rhai o'r criw allan yn rhywle bron bob dydd yn edrych am arwyddion aur. Roedd un, o leiaf, bob amser yn y caban yn gofalu am fwyd y lleill. Pawb yn ei dro yn cymryd at grasu bara, cadw tŷ a gwarchod eu heiddo. Mae'n amlwg fod argoelion am drysor mewn rhyw le o'r enw Jackson Creek ac y mae cyfres o gofnodion hyd ddiwedd y flwyddyn yn adrodd yr hanes:

> 12 Tachwedd Sad Paratoi i fyned allan i brosbectio dydd llun i Jackson Creek.

Ond aeth yn ddydd Mawrth cyn bod y tywydd yn caniatáu iddynt fynd:

> 15 Tachwedd Maw Dick a Henry yn cychwyn allan i chwilio am aur a minau yn tori coed, 40 below, this morning very cold.

Wedi Saboth yn 'Gorphwys mewn iechyd da a Duolch i Dduw am hynny', mae'r peryglon parhaus yn dod i'r amlwg ar y dydd Iau wedyn:

> 24 Tachwedd Iau Tori coed ar yr Island Cael cnock yn fy nalcen gan gangen sef fi ngwympo

ac i goroni'r cyfan, 'tori y drws yr un noson'.

Ond roedd argoelion go gryf allan tua Jackson Creek, mae'n rhaid, achos mae '... Walisce wedi mynd ar Tent i Jackson Creek ...' (Llun, 28 Tachwedd) gan arfaethu aros dros dro, beth bynnag. Ymhen pythefnos mae 'Dick yn mynd i nol i Jackson Creek', y gobaith am aur yn y gilfach yn cynyddu, a'r argoelion am ffortiwn yn well nag y buont erioed. Yr unfed ar bymtheg, ac mae 'Dick a Henry ar y Jackson Creek', a'r tensiwn yn codi. Bu o leiaf un ohonynt yno yn ddi-fwlch ers mynd â'r babell yno, i achub y blaen ar y 'jumpers'. Ond mae cofnod yr ail ar hugain yn crynhoi hanes a fu'n gyffredin i lawer antur a breuddwyd o'r fath. Wedi pum wythnos o slafio mewn cilfach filltiroedd i ffwrdd, yn dadlaith a chloddio, dadlaith a chloddio'n ddi-dor, a byw mewn pabell mewn tymheredd o 40° o dan sero, mae'r cyfan yn cael ei grynhoi i bum gair:

    22 Rhagfyr Iau ... Henry & Dick Cam Back Yn waglaw.

Ond nid oedd ond tridiau tan y Nadolig, a hwnnw'n dod ar y Saboth:

    25 Rhagfyr Sab Cyniaw fawr heddyw 10 wrth y bwrdd 11 at swpper Cyniaw ardderchog Wallice cook

a daeth 1898 i ben ar y Sadwrn gyda'r cofnod:

    31 Rhagfyr Sad ar yr ynys ein dai, sef Dick a minau Henri yn crasi bara.

IX

Ddydd Calan 1899, cofnodir fod 'Dawson City wedi llosgi lawr', er mai prin y medrai John Davies fod yn gwybod hynny ar y pryd—roedd ef yn agos i fil o filltiroedd i ffwrdd. Synnwn i ddim nad oeddent yn gwybod am y peth adref ym Maesyffin o'i flaen ef. Ond yr oedd y flwyddyn newydd yn ddalen lân yn ei lyfr, a digon o le ar ei hymyl uchaf iddo ychwanegu'r wybodaeth rywbryd yn ddiweddarach—ac y mae'r bensel a ddefnyddiodd yn dangos yn blaen mai hynny a wnaeth.

Nid oes dim yn anarferol, erbyn hyn, yn y cyfeiriadau cyson at weithio yn y coed, hyd nes daw'r Saboth, 15 Ionawr, ac yr oedd yn amlwg wrth ei fodd, yn ddiniwed hollol o unrhyw aparteid crefyddol, yn cofnodi fod:

> 15 Ionawr Sab   Dick a minau yn y Mission heddyw Pregeth yr Indiaid yn y borai ac i'r whites yn y prinawn.

Os nad oedd y rhagolygon am 'aur y byd' yn edrych yn rhyw ddisglair iawn, câi'r 'galon lân' ei phorthi o bryd i'w gilydd hyd yn oed mewn caban garw o goed yn Weare rewllyd:

> 22 Ionawr Sab.   Parch West-lake yn pregethu yn ein Cabin heddy, Offeiriad ydyw, Testin 1 Tim 3 x 16 ynghyd ar 19th Psalm

Erbyn hyn, heb fawr o argoel am ddarganfod aur yn eu hardal hwy, mae'n siŵr eu bod yn dechrau meddwl y byddai'n rhaid mynd ymhellach i lawr yr Yukon. Efallai, hefyd, iddynt gael newyddion gan rai o'u hymwelwyr am ragolygon gwell y ffordd honno. Ac wedi 'paratoi Dick, am y daith i'r Coast, cychwyn fori' (Mercher, 25 Ionawr) cychwynnodd Dick, Mort, a rhyw Faber fore drannoeth i fynd i edrych y tir, a Dick yn mynd â thri chan doler gydag ef.

Er nad oedd yn bosib dod â llythyron na dim arall i mewn i'r wlad yn ystod misoedd y gaeaf—roedd y môr yn rhewi—roedd y Dog Mail yn gwneud ei orau i gadw cysylltiad rhwng y gwahanol bentrefi a'i gilydd, gan drafaelu i fyny ac i lawr yr Yukon o Dawson i St Michael. Un tîm yn dod i gwrdd â'r llall ac yn cyfnewid llythyron â'i gilydd, yn null y Pony Express yn

America. Dyna'r unig ffordd y medrid cadw cyswllt rhwng gwahanol ganolfannau'r llywodraeth. Mae'n fwy na thebyg ei bod yn ofynnol i bob ardal gyfrannu tîm o gŵn a gyrrwr at y gwasanaeth hwn, a bu Wallice Cole wrth y gwaith am rai misoedd. Fe geir rhyw syniad am galedi'r gwaith yng nghofnod John Davies ar 2 Chwefror: 'yr eira yn dysgin, anmosibl bod allan yn y Cabin heddyw eto'. Ac eto, rywle ar y trywydd yn y rhew a'r eira gyda'i gŵn a'i sled yr oedd '. . . Walice allan ar Mail'.

Nid pawb oedd yn ddigon ffodus, nac yn ddigon cryf, i ddal y tywydd, ac y mae cynildeb creulon cofnod syml 14 Chwefror —'Henry a minau ar yr ynys, Claddu dyn wedi rhewi i farwolaeth'—yn taro dyn yn ei dalcen. Dim ond un o'r miloedd dienw a digofeb y bu caledi Alaska yn ormod iddynt. Pan ddôi galw am gladdu, ac nid oedd hynny'n anaml o bell ffordd, golygai'n agos i dri diwrnod o waith caled, gan fod popeth o dan chwe modfedd o ddyfnder yn rhew solet, hyd yn oed yn yr haf. Oherwydd hynny, roedd y corff yn aros yn union fel y bu farw am fisoedd lawer yn y ddaear. Fwy nag unwaith dywedodd John Davies mai ei ddymuniad ef, petasai'n bosib, fyddai cael ei gladdu yn naear Alaska, ond ym mynwent Bwlch-y-groes.

Llafurio yn y coed oedd eu rhan feunyddiol, gydag ambell bwt o waith cyflog i hwn a'r llall. Ond drwy'r amser roedd y freuddwyd am aur yn dal i'w hysgogi. Roeddent yng nghanol gwlad yr aur. Dim ond ei tharo hi'n lwcus oedd ei angen, a phle bynnag y byddai'r siawns lleiaf o gael gafael ynddo, yno y byddent hwythau. Ond prin, prin iawn yw'r sôn hyd yn hyn am John Davies ei hun yn mynd i 'Brosbectio'. Efallai ei fod ef yn well dyn yn y coed na'r lleill, a ph'un bynnag, yr oedd fel petasai'n ymfodloni fwyfwy ar y gwelliant graddol yn y cyfleusterau crefyddol:

> 5 Mawrth Sab   Mi fues yn y Mission heddy, West-Lake yn pregethu, (y mae yn rhaid ich genu chwi drachefn) Ioan, Pregeth ardderchog.

Daeth si arall am y trysor drud drannoeth y bregeth, ac fel pe buasent yn wir wedi eu geni drachefn, dyma 'Baratoi Henry a George i fyned am drip, i chwilio am aur i Nowkakat river' mewn llawn hyder a ffydd. Ond troes y tywydd anwadal yn wyntog ac oer iawn mewn diwrnod, ac erbyn y degfed o'r mis roedd '. . . Henry a George wedi dychwelid heddyw wedi tori ei calone'. Saboth arall, a John Davies eto 'yn y Mission heddyw, Westlake, Deiarhebion, dynister yr anuwiol, pregeth dda iawn'. Ond, faint bynnag oedd ei foddhad ym mhethau crefydd, nid oedd pethau agos cyn loywed ym myd yr aur. Cilio i gyfeiriad yr arfordir o un i un a wnâi ei gyfeillion, ac fe geir yr argraff fod a wnelo hynny â dau ŵr yn arbennig a fu yn lletya yn y caban lawer gwaith yn ystod y gaeaf. Dau o'r enwau Marple a Spencer. Deuent i fyny o ardal St Michael ac y mae'n sicr iddynt geisio perswadio John Davies a'i griw i dreio'u lwc i lawr i gyfeiriad Cape Nome. Ar 15 Mawrth, llwyddasant i berswadio Henry a George i fynd gyda hwynt yn ôl. Mwy na thebyg nad oedd llawer o waith perswadio arnynt wedi eu methiant yn Nowkakat. Bellach, o'r hen griw nid oedd ond John Davies a Wallice Cole ar ôl.

Gyda chanol Mawrth, a'r dydd yn ymestyn, (canol Mawrth a chanol Medi, dydd a nos 'run hyd â'i gily') mae'r sôn am ddiwrnodau braf yn amlach. Mae ei sylw ar yr unfed ar bymtheg yn dweud mwy am yr hin na phetasai'n rhoi'r tymheredd mewn ffigurau:

> dywyrnod braf, yn gynes iawn, mi angofiaes fi menig ar yr ynys.

Pe bai wedi gwneud hynny fis ynghynt, ni buasai ganddo law i sgrifennu'r dyddiadur. Ddeuddydd yn ddiweddarach roedd bron yn beryglus o boeth:

> un or dyddiau brafaf a weles erioed yn Mawrth, yr eira yn dysgin yn y bore yn drwm, canol dydd, 20 above freesin point

a dal i gynhesu a wnaeth dechrau Ebrill, y gwanwyn yn y tir, a'i sŵn i'w glywed yn yr afon:

> Sabath rhagorol, ni weles well hin erioed yng Nghymru   da fuaseu genyf gael myned i'r moddion.

Gyda llacio gefynnau'r gaeaf galwai ymwelwyr yn amlach, rhai yr oedd wedi eu cyfarfod fisoedd lawer a milltiroedd maith yn ôl. Rhai â hanesion at ei ddant:

> Mr Stonehouse call hear, the First Christian i met on the Youkon and told me about his confertion

ac erbyn diwedd wythnos gyntaf Ebrill mae'r 'maglau wedi eu torri' bron yn llwyr:

> 7 Ebrill Gwe   Outside mile (mail) wedi dyfod i fewn am y tro cyntaf, cael llyth Rachel a Thomas, date Jul 18th /98 & June 11 /98.

Y ddolen rhyngddo ef a'i deulu wedi'i chyfannu eto. Ni ddarllenodd air oddi wrth yr un ohonynt oddi ar 22 Awst, y flwyddyn cynt. A hyd yn oed os sylweddolai fod y llythyron diweddaraf hyn wedi bod ar eu taith bron ddeufis cyn iddo ddarllen hwnnw, nid oedd ei lawenydd ddim llai, mae'n siŵr. Ond roedd yr eira'n disgyn eto ymhen ychydig ddyddiau, pan aeth Wallice 'i fyny yr afon tia Bare [Bear] Creek', ac ni fu llwyddiant yno, chwaith. Eithr erbyn yr unfed ar hugain, a'r tywydd wedi gwella eto, bron na ellir ei glywed yn canu:

> ar yr ynys yn y bore
> crasi bara y prynawn.

Fel y gwnaeth filoedd o weithiau o'r blaen, daeth yr haf i ddadlaith rhew yr afonydd gan bwyll bach, a'r 'dwfr yn nofio gwyneb yr afon heddyw', a chyn diwedd Ebrill roedd 'gormod o ddwfr i groesi'. Arferai gerdded yn groes yn ystod y gaeaf, wrth gwrs, ond erbyn hyn roedd arni ormod o ddŵr i'w cherdded, a gormod o rew i gwch. Dechrau Mai, ond a'r cloeon eto heb eu llwyr dorri, a'r dadlaith yn parhau. Nid oedd amheuaeth nad yr haf a gariai'r dydd y tro hwn eto:

> 6 Mai Sad   dywyrnod led oer, y dwfr ar wyneb yr afon hyd gafael y glun
> 8 Mai Llun   yn y cabin heddyw, disgwyl i'r afon i agor anmosibl yw chroessi

ond y mae i hynny hefyd ei fendithion:

> 9 Mai Maw   heddyw yr un fath, dywyrnod braf, gwydd i giniaw, Proff gyda ni.

A Mai'n mynd yn ei flaen a'r tywydd yn dal yn braf mae sŵn y penllanw'n cronni i'w glywed yn yr afon. Y cannoedd afonydd llai, a'r ffrydiau bychain i fyny yn y mynyddoedd gannoedd o filltiroedd i ffwrdd, ac eira'r copaon yn rhedeg iddynt gan gynyddu, cynyddu o hyd:

17 Mai	Mer	dywyrnod braf yr afon yn chwyddo ar y ceulanau
18 Mai	Iau	heddyw eto yr afon yn codi.

Ar y dydd Gwener mae'r argae'n torri, a holl gelanedd y gaeaf, yn goed a chreigiau, mynyddoedd o iâ ac eira, yn cael eu hyrddio gan lif yr afon drwy geunentydd y gwaelodion, gan sgubo'i gwely yn lân, dros yr haf:

19 Mai	Gwe	Golygfa fawreddog yng ngenau yr afon sef Tananah, yr ia yn codi fel mynyddoedd i ben ei gilydd, yn gymysg a choed
20 Mai	Sad	yr afon yn tori i fyny am 4 or gloch y borau hwn, am tia 2 filldir o gwmpas Weare

a'i sŵn yn ergyd frawychus fel petai'r cread ei hun yn cracio. Ac wedi storom, distawrwydd:

21 Mai	Sab	Sulgwyn, Gorphwys heddyw fel arfer, dywyrnod braf. Whiaden i giniaw
22 Mai	Llun	Cael ein cwch yn groes i'r ochor yma yr afon, ar y bank yn safe
23 Mai	Maw	yr afon gwedi tori fyny yn llufo drwy y dydd, Steam Boat governor Stoneman yn myned allan
24 Mai	Mer	dywyrnod braf, yr ia yn dyfod i lawr ar yr afon yn iawn
25 Mai	Iau	Doc a 5 arall yn dyfod i lawr o'r Tananah, a dyn haner marw, wedi tori ei ddwy droed i ffwrdd, wedi rhewi
26 Mai	Gwe	y soldiers, 5 nei 6 ohonynt yn myned allan heddyw o Rampart
27 Mai	Sad	dywyrnod braf, aml i gwch buchan yn nofio i lawr ar yr afon ai gwynebau tia St Michal
28 Mai	Sab	heddyw y gwynt yn chwithu i fyny yr afon yn enbyd, claddu y poor felow from Tananah.

Roedd yr afon, yn amlwg, yn bopeth i Dalaith Yukon. Hi a'i bwydai, hi a'i dyfrhâi, hi oedd edau ei gwaith a'i chware, a hi a'i carthai o'i haflendid. Hi oedd y ddolen gyswllt, rhydweli pob gweithgarwch. Drwyddi hi y rhedai gwaed pob trafnidiaeth o Dawson i St Michael. A'r afon dan glo, hanner byw oedd y wlad. A'r afon eto'n agored, ffrydiai bywyd yr eilwaith drwy'r dalaith gyfan.

Rhyfedd, felly, na fu i un a fu'n byw ddeugain mlynedd bron ar lan afon arall, filoedd o filltiroedd i ffwrdd, afon Teifi, sôn am un o nodweddion enwocaf yr Yukon. Ei physgod. Gyda chilio'r gaeaf, y mae'n fyw o eogiaid, a'r eirth (nad oes sôn amdanynt yn ei gofnodion chwaith) hyd yn oed yn medru eu dal yn hawdd yn y rhaeadrau a'r dŵr bas. Mae'n cofnodi iddo yn awr ac yn y man gael hwyaden neu ŵydd ar ei fwrdd, amrywiaeth digon derbyniol ar ei fwydlen arferol, siŵr o fod, ond dim gair am eog. Petasai rhywun o'n dyddiau ni yn mynd o lannau Teifi i fyw ar lannau'r Yukon, mae'n berffaith siŵr y byddai'n sôn am Frenin y Pysgod. Ond efallai nad oedd John Davies yn bysgotwr. Nid pawb sydd, hyd yn oed o fro Llandysul! Efallai, hefyd, fod pysgod yn rhan mor gyfarwydd o'i fywyd, fel nad yw'n ei gweld yn werth sôn amdanynt. Ond anodd credu hynny, rywfodd.

Beth bynnag, roedd y rhyddhad o lyffetheiriau'r gaeaf yn gyfan erbyn 29 Mai, a'r olwynion yn troi eto:

> Steam Boat Hermon yn myned i fyny yr afon, y cyntaf yn y flwyddyn.

Ond nid yw'r haf yn nef i gyd. Gwta bedair awr ar hugain yn ddiweddarach:

> Ar yr Island yn cordio yr wood, y misceetos yn bwyta dyn yn fyw

a thrwy weddill y mis, a'r Mehefin a'i canlynodd, nid oes sôn am aur, er ei bod rywfaint yn haws cloddio amdano yn ystod misoedd yr haf, a'r tir wedi meddalu rhywfaint. O gwmpas y caban y bu, gydag ambell drip i fyny'r afon i ymweld â chyfeillion, yn twtio a glanhau, cordio coed a'u gwerthu, gan ddibynnu ar y lleill i lawr tua Cape Nome i fynd ymlaen â'r gwaith o chwilio am ffortiwn. Roedd yn rhaid i rywun aros yn Weare, wrth gwrs, i warchod eu heiddo. Erbyn hyn, rhwng y caban, a'r holl goed a baratoesent, dau neu dri chwch a rafftiau, a manion bethau eraill, roedd ganddynt rhyngddynt gryn eiddo i edrych ar ei ôl. Efallai, hefyd, iddo ddechrau sylweddoli erbyn hyn nad aur yn unig a gynigiai iddo gyfle i ymgyfoethogi yn Alaska. Roedd ganddo lygad dyn busnes, dawn i droi ei law at unrhyw beth, ac ymddiriedaeth ei gyd-ddynion. Fe aeth miloedd ar filoedd o bob rhan o'r byd i Alaska, gwnaeth ychydig iawn iawn ohonynt ffortiwn wrth gloddio aur, ond gwnaeth llawer mwy eu ffortiwn wrth ddarparu gwasanaethau i'r mwynwyr. Prynu a gwerthu eiddo, tir, offer a bwydydd ac yn y blaen, a chan fod arian y mwynwyr yn dod yn hawdd (ar brydiau) fe gerddai'n rhwydd hefyd.

Deuai llythyron gryn dipyn yn haws erbyn hyn. Ddeuddydd yn olynol, cawsai'r llawenydd o ddarllen gair o Gymru, a'r llythyron bellach heb fod lawn mor hir ar y daith:

  26 Mehefin Llun wrth y cabin heddyw eto (sef Cabin Belt) derbyn llythyr wrth fi mriod, Apr 9th
  27 Mehefin Maw Gorphen y ty i Mr Belt derbyn llythyr oddi cartref Date Apr 29th.

A phrin bum niwrnod yn ddiweddarach, ar y Sul 2 Gorffennaf, 'derbyn 6 o lythiron heddy gyda'i gilydd hen rhai'—prin y bu llawer o ddarllen y Gair y Saboth hwnnw!

Bu wrthi am wythnos y mis cynt yn 'adeiladu Ty bach i Mr Belt'. Post-feistr Weare oedd hwnnw, a thebyg i John Davies ddefnyddio rhai o'r coed a baratoesai y misoedd cynt at y gwaith. Roedd gwerth y rheini, ynghyd â'i gyflog, yn fywoliaeth iddo tra arhosai am newyddion oddi wrth y lleill i lawr tua'r arfordir. Gweithiai am ddiwrnodau lawer am gyflog, i rai fel Mr Belt, a digon anodd oedd hi'n aml. Nid pawb a fedrai ddal gwaith caled yn y gelltydd ym mhoethder (ie, poethder) tymor byr yr haf:

  4 Gorphenaf Maw Myned ar ol yr Indians i mofyn y boat, ei gael gyda one eye John.

Er mwyn pacio coed allan i Mr Belt:

  6 Gorphenaf Iau myned i fyny ar yr afon i gordio coed Belt
  8 Gorphenaf Sad heddyw gorfod rhoi i fyny ganol dydd gan y mosqutos
  11 Gorphenaf Maw Paratoi Walice i startio tia Cape Nome . . .
  14 Gorphenaf Gwe Packio coed allan i Belt a'r Watchmaker gyda mi, ond gorfod iddo i rhoi fyny heno.

Ond nid oedd sicrwydd am waith parhaol, ac yn aml byddai'n segur am ddiwrnodau, tân ar groen gweithiwr mor ddiarbed ag ef:

  12 Awst Sad heddyw eto yn yr un fan yn dysgwil am y job

21 Awst Llun   aros am y contract
23 Awst Mer   Methu cael y contract . . .

Ac nid oedd dim amdani ond '. . . myned i fyny i'r afon i dori logs' eto, a'u nofio i lawr i Weare.

Ond erbyn canol Medi, wedi mis o'r lladd amser hwn, mae'n amlwg fod rhyw newid yn y gwynt, yn llythrennol ac yn ffigurol:

17 Medi Sab   . . . yn y tent ar y sand bar ar y Tanana eira a rhew ac yn chwythu yn enbyd.

Ganol Medi! Ond yr oedd wedi bod ers rhai diwrnodau yn 'myned i fyny rhyw 8 nei 10 milltir ar Tanana i gael y raffts ar y sand bars' ac yn crynhoi eu heiddo o wahanol fannau i'r gwersyll, achos erbyn y pumed ar hugain yr oedd yn 'Paratoi fy hun am St Michael', yn gwneud trefniadau ynglŷn â'r caban a'u heiddo, oherwydd, ddydd Iau, roedd 'Steam boat Powers yn cyrraedd heno', ac erbyn y Sul, 1 Hydref, roedd yn 'myned i waered ar yr Youkon'.

X

Os oedd yn disgwyl siwrnai gyfforddus ar y llong honno o'i chymharu â'r 'boat' y daeth i lawr o Dawson arni, fe'i siomwyd yn fuan. Prin eu bod wedi cychwyn o Weare nag y daliwyd y llong ar y tywod am chwe awr, ac wedi tridiau o hwylio gweddol, fe'i daliwyd gan iâ yn yr afon. Cymerodd bron ddeuddydd iddynt gyrraedd dŵr agored, a thrannoeth cododd storom y bu raid iddynt redeg o'i blaen, gan na allent fentro angori. Ond cyraeddasant St Michael yn ddianaf ar 8 Hydref. Drennydd byrddiodd yr *Horner* am Cape Nome gan gyrraedd y fan honno bore trannoeth. Yno y cyfarfu eto â George, Mort Jackson a Wallice Cole. Roedd George wedi penderfynu mynd yn ôl i America a hwyliodd ar y *Bertha*. Aeth Cole a Jackson hefyd i Seattle ar y *Roanoak*, gan adael i John Davies baratoi ar gyfer ei aeaf cyntaf ar Benrhyn Nome.

Man noeth, heb goeden o gysgod arno, gan arwed y stormydd o'r môr a chwythai drosto. Beth amser ynghynt galwyd y dref yn Anvil City—enw a gafodd oddi wrth fynydd y tu cefn iddi, y gwelodd rhywun debygrwydd ynddo i eingion. Yn ddiweddarach cymerodd enw'r penrhyn y saif arno. Mae'n ddiddorol sylwi mai yn ystod yr amser y bu John Davies yno y newidiwyd yr enw. Mae rhai o'r llythyron cyntaf a anfonwyd ato yno yn dwyn yr hen enw Anvil City, a'r rhai diweddaraf yr enw newydd, Nome City.

Os oedd gaeafau Weare yn galed, roedd rhai Nome yn waeth. Stormydd dirybudd o wynt dychrynllyd, a'r tywydd yn newid yn fwy sydyn hyd yn oed nag ar y Tanana. Dros y gaeaf cyntaf hwnnw, gaeaf 1899, penderfynodd John Davies gloddio twll yn y ddaear iddo'i hun i fyw ynddo—'dug-out', ac fel y dangosodd ei fisoedd cyntaf yno, doeth fu ei ddewis. Roedd tref Nome, yr adeg honno, yn datblygu'n gyflym. Nifer o gwmnïau a marsiandai wedi eu sefydlu ac, wrth gwrs, roedd trafnidiaeth glannau'r môr yn sicrhau prysurdeb i'r porthladd. Roedd hefyd yn agos i'r moroedd lle'r helid morfilod, a'r llongau hynny yn hwylio i fyny cyn belled â Chulfor Bering, pan ganiatâi'r tywydd. Golygai hynny forwyr o lawer gwlad, a châi pysgotwyr morfilod y gair o fod yn arwach morwyr na neb. Roedd yno, felly, boblogaeth fwy cymysg hyd yn oed nag ar drywydd y Skagway.

Nid yw tri diwrnod cyntaf y blaenor o Wernllwyn yno yn argoeli'n rhyw dda iawn:

19 Hydref	Iau	Paratoi y dug out ar gyfer y gaiaf
20 Hydref	Gwe	Yr hen dwll yn cavio i fewn
21 Hydref	Sad	Wedi ei bropio ai ddal.

Buasai Dick Davies yn Nome er pan aethai o Weare ym mis Mawrth, ac yr oedd y ddau bartner gyda'i gilydd unwaith yn rhagor. Mae'r cofnodion yn cyfeirio hefyd at ryw Smith a ymunodd â hwy. Diddoswyd y 'dug-out' a'i goedio oddi mewn, a chludwyd yr 'outfit' iddo, a da o beth oedd hynny, oherwydd bu'n rhaid iddynt dreulio diwrnodau lawer ynddo, yn ystod y misoedd canlynol.

Treuliwyd mis Tachwedd yn sefydlu eu hunain yn eu cymdeithas newydd. Paratoi coed tân eto, y dasg feunyddiol. Ond nid oedd angen eu cwympo yma. Doedd yno ddim coed i'w cwympo. Ond drwy un o ffenomenâu natur, roedd yno ddigon o danwydd. Bob haf, pan ddadmerai'r rhew yn yr afonydd a'r eira ar y copaon pell, i fyny yn yr Yukon a'r afonydd a redai iddi, fe godai'r llif ddigon i olchi coed cyfain o'u gwraidd, filoedd ohonynt, yn gymysg â thalpiau enfawr o rew ac unrhyw beth a safai yn eu ffordd, allan i'r môr yn St Michael. A phan ddôi'r llanw i mewn, deuai â'r cyfan yn ôl gydag ef a'i adael ar hyd traethau Penrhyn Nome. Nid oedd angen ond eu darnio a'u casglu i gael digonedd o goed.

Ac wrth y gorchwyl hwnnw y byddent bob dydd oni fyddai'r tywydd yn eu rhwystro. Ar yr adegau hynny hefyd y gwelir fynychaf gofnodion y cadw tŷ, 'Mynau yn crasi bara', 'Dick yn crasi bara', neu 'Golchi ein dyllad', ond mae'n rhaid fod stori fawr y tu ôl i'r cofnod hwn:

> 1 Rhagfyr Gwe   heddyw Smith a minau a Dick yn crasu bara.

Y tri ohonynt!

Yr adeg yma hefyd bu John Davies yn achwyn oddi wrth yr hyn a alwai ef yn annwyd trwm, ac yn gorfod cadw i mewn am ddiwrnodau. Ond fe allai'n hawdd fod yn rhywbeth gwaeth, mewn gwirionedd. Bu ddeng niwrnod llawn cyn iddo fedru dweud fod 'yr anwid wedi gwella yn o lew'. 'Gorphwys', 'Gorphwys fel arfer' a 'Gorphwys, dim moddion gras', a fu hanes ei Suliau am beth amser, ond ar ddydd Sul, 12 Tachwedd, mae cofnod go frawychus:

> Gorphwys fel arfer, un o swyddogion y lle yn saethu dyn yn farw ar yr heol, un arall nos or blaen.

Ond erbyn canol y mis roedd pethau wedi gwareiddio digon iddo nodi ei fod:

> wedi bod mewn rhyw fath o gwrdd crefyddol heddyw a duolch amdano

ac ymhen yr wythnos:

> heddyw yn cael areth grefyddol yn y Congregation hall.

Roeddent erbyn hyn yn berchen tîm o gŵn i lusgo sled, a John Davies wedi cael rhyw fath o gi anwes—Minit—er bod honno yn amlwg yn un go fawr, gan iddo nodi eu bod:

I fyny am lwyth heddyw eto dim ond tri ci   Minit yn rhi drwm ei gadael gartref.

Rai diwrnodau cyn y Nadolig, bu yn cofrestru ei hawl ar y darn tir yr oedd y 'dug-out' arno, ond pan ddaeth yn ddydd Nadolig, nid oes sôn am wledd fel yr un a gawsai flwyddyn ynghynt:

    25 Rhagfyr Llun   Cymeryd gwil heddyw y fath ac yw, gobeithio y byddaf gartref gyda fi anwil wraig am plant Nadolig nesaf.

Ac o hynny tan ddiwedd y flwyddyn sôn am ffwdan gyda'r cŵn sydd amlaf yn ei gofnodion:

    27 Rhagfyr Mer   ... cael runaway gyda'r Dog team
    29 Rhagfyr Gwe   ... y cwn yn rhedeg off ar Dick, moelyd y sled
    30 Rhagfyr Sad   heddyw Smith am stampeed ar team
    31 Rhagfyr Sab   Gorphwys heddyw y dydd dyweddaf or flwyddyn hon, yr wyf yn duolch i'm Duw am ein harbed fi am cyfaill Dick, gan fawr ddymuno fod fi anwil briod am hoff blant yn fyw ac yn iach

ac y mae cofnod trannoeth yn yr un cywair:

    1900
    1 Ionawr Llun   dyma fi yn cael y fraint o weled dechrau blwyddyn arall a dechrau canrif newydd, gobeithio y caf y fraint o weled fi nheulu yn ystod y flwyddyn hon
    2 Ionawr Maw   heddyw eto o boity y dug out, y cwn oddi cartref ac felly yn methu myned am lwyth i fyny'r beach
    3 Ionawr Mer   heddyw Prini Tent mawr 16 x 24 gwerth $50, N.A.T. & T. Co. dywyrnod braf iawn o auaf
    4 Ionawr Iau   Crasi bara heddyw, y cake yn troi allan yn llwyddiant
    5 Ionawr Gwe   Pryny coed heddyw i wneyd fram, gan Simpson   talu $75 am danynt, dywyrnod lled wyntog.

Ei fwriad, felly, oedd dychwelyd i Gymru yn ystod 1900. Un ai yr oedd eisoes wedi talu rhai, o leiaf, o'i ddyledion, neu yr oedd yn teimlo fod ganddo bellach y modd i wneud hynny. Yma a thraw drwy ei bapurau gwelir cyfeiriadau gwahanol bobl yn Ne Cymru, y mannau lle'r arferai anfon moch iddynt yn yr hen ddyddiau. W. W. Rogers, The Chestnuts, Walter Road, Abertawe, er enghraifft, a Thomas Davies, 65 Maddox Street, Blaenclydach, Llwynypia. John Rees o Aberaeron a Thomas Davies o Donypandy. Mae'n amlwg ei fod wedi bod yn cysylltu â hwynt ynglŷn â rhywbeth.

Ond yn ddiamau un o'r rhesymau cryfaf dros ei awydd am ddychwelyd oedd ei hiraeth parhaol am weld ei deulu. Rywbryd yn ystod misoedd cyntaf 1900 derbyniodd lythyr na allai lai na chyffwrdd calon unrhyw un. Llythyr gan Jane ei ferch, a honno'n ddim ond deg oed ar y pryd. Dychmyger John Davies, yn unigrwydd y 'dug-out', filoedd o filltiroedd i ffwrdd, a'r ychydig eiriau hyn 'o enau plant bychain' yn pontio'r gagendor rhyngddynt:

Maesyffin
Horeb
August 27th 1899

Anwyl Dad Anwyl
    Yr wyf yn ysgrifeni line fach yn ol i chwi   yr oedd yn dda rhyfedd genyf gael y llythyr a'r blodyn oddi wrthych ac yr oeddwn yn gelli darllen y llythyr fi hunan ond nid oedd John na Evan yn gelli darllen y llythyr ac yr wyf yn ysgrifeni line yn ol fi hunan   diolch yn fawr i chwi am y blodyn   yr wyf wedi dangos y blodyn i lawer ac y maent yn syni gweld blodyn o Alaska   hyn yn fyr ac yn andrenfus oddi wrth eich anwyl ferch.
Jane Davies

x x x x x x x
x x x x x x x
  x x x x x   Goodbye data Bach

Mae'r blodyn, gyda llaw, er ei fod bellach wedi colli ei liw i gyd, a'i betalau wedi breuhau bron yn ddim, ar gael o hyd, yn dyst i gwlwm a fu gynt rhwng dau, nad oedd breuhau na datod arno.

Ffaith ddiddorol arall ynglŷn â'r dyddiaduron yw iddynt, hyd at ddiwrnod olaf 1899, gyfeirio at ddydd yr Arglwydd fel y

Saboth, yn ddieithriad. Ond o ddechrau 1900, dechrau canrif newydd, y Sul a ddefnyddir. A all fod unrhyw arwyddocâd i'r ffaith i John Davies gychwyn yr arfer hwn ar yr union ddiwrnod iddo ymaelodi mewn eglwys Saesneg?

7 Ionawr Sul	heddyw eto y gwynt yn chwythu yr eira nes twyllu llygaid dyn os ai ef allan, aelodu fi hun heddyw mewn Eglwys Seisnig
8 Ionawr Llun	Stormio yn enbyd, y mynedfa allan o'r dug-out wedi cai gan luwch y borei hwn
10 Ionawr Mer	llywcho eira yn enbyd duolch am yr hen ddug-out mae yn dda ei fod y dyddiau yma
11 Ionawr Iau	Stormio heddyw eto, aros yn y dug out a duolch amdano
14 Ionawr Sul	Myned ir cwrdd er ei fod yn od, yr oedd yn well na bod heb gwrdd o gwbl, Dick yn joino Heddyw
16 Ionawr Maw	dywyrnod braf iawn, disgwyl Smith a Stout i nol ar cwn fel y gallom fyned am lwyth o goed
17 Ionawr Mer	dywyrnod braf, crasu bara heddyw, ac hefyd y mae y cake wedi troi allan yn llwyddiant hollol
18 Ionawr Iau	ysgrifeni llythiron U.S. Mail yn myned allan anfon 4 at gartref, Salie Larsen and Reed
19 Ionawr Gwe	Smith yn cyrraedd gartref neithiwr, Minit fach yn sâl Pryni rhagor o goed at y Tent mawr, a phryni canvas yw osod ar ei waelod, tewydd oer tia 40 below zero
20 Ionawr Sad	Yn y dug out dim yw wneyd, mae yn rhaid yr cwn gael gorphwys
26 Ionawr Gwe	Smith wedi myned heddyw i ail stako ei glaim ar y tundra, Dick yn crasu bara
30 Ionawr Maw	Yn stormio yn enbyd heddyw, bron yn anmosibl i aros allan y cwn yn dyfod gartref
6 Chwefror Maw	Heddyw dywyrnod Pur ofydus i mi, Dick, drwy ddamwain yn lladd Minit, y pet oedd genyf, ond dim help
9 Chwefror Gwe	Pryni Lot a Thy Gorden am $300, 250 yn arian a Dude (IOU?) yn lle y 50 arall

17 Chwefror	Sad	Smith a Stout yn Paratoi am Independence [*creek*], y gwynt yn rhi gri
19 Chwefror	Llun	Gorphen talu am Lot Gorden, Smith a Stout yn cychwyn heddyw
20 Chwefror	Maw	heddyw tori ychydig goed i Tom Jacob am ei fod ef yn dost, ond yn well heddyw a duolch am hynny
21 Chwefror	Mer	Tori y rhew ar yr afon i gael ein Boat yn rhydd
25 Chwefror	Sul	dywyrnod braf iawn, myned ir cwrdd ddwy waith ond y gweithaf yw mai Seisnig yw y cyfan. O am yr hen Gymreig
26 Chwefror	Llun	heddyw golchi tipin ar fi ngrisau am sanau, (O am Annah, hi am olchu).

Tua'r adeg yma ysgrifennodd gân i Hannah, yn ôl cyfeiriad ati mewn llythyr oddi wrth ei wraig yn ddiweddarach, ac ni all fod amheuaeth nad yw'n arllwys ei galon i'r gân hon. Mae holl unigrwydd y 'dug-out' a'r babell, a hiraeth y caban anghysbell ynddi:

(Adgofion Cynes flynyddoedd y Nol)

Cariad gwir a gadwa'n gynes
Ac yn ffyddlon, Anna,
Gwyddom hynny, mae ein mynwes
  Wedi'i brofi, Anna,
Cawsom lawer tewydd garw—
Llawer siomedigaeth chwerw—
Ond, nis gallai'r byd a'i dwrw,
Oeri'n cariad Anna.

Mae ein gwallt yn dechrau gwynu—
Paid gofidio, Anna,
Dal ei liw mae'n serch er hyny—
  Paid gofidio, Anna,
Rwyf yn cofio'n dda y dyddiau,
Pan yn gochion oedd dy ruddiau—
Ond er henaint a'i gystuddiau,
Hawddgar wyt ti, Anna.

> Llawer haf a llawer gauaf,
> Aethant heibio, Anna,
> Er pan rois y gusan gyntaf
>   Ar dy wefus, Anna,
> Fe ddaw'r dydd y cawn gofleidio
> Nesa yma, paid a wylo,
> Ni gawn gwrdd yn hapus eto—
> Ar eilwyd gartref, Anna.

Ymddengys fod gan John Davies athrylith i fod yn y fan a'r lle y byddai'r cyffro mwyaf. Cyrhaeddodd Skagway pan oedd y Sodom honno yn ei hanterth, pan oedd Soapy Smith a'i griw o adar creim yn rheoli'r lle. Yn wir, mae'n bosib mai at farwolaeth hwnnw y cyfeiria John Davies yn ei ddyddiadur pan sonia am saethu dyn yn farw 'y nos o'r blaen'. Roedd y Rideout a'i llwyth o g'wennod newydd gyrraedd Dawson pan aeth yno, a Poker Alice a'i siort yn eu gogoniant. Ac yn awr, ac yntau yn Nome, roedd yr enwog Wyatt Earp yno hefyd, yn rhedeg bwth bocsio a chadw salŵn yn ei amser sbâr. Ond clywodd hwn am aur yn ôl tua Nevada rywle, ac ni bu raid i flaenor Gwernllwyn geisio dysgu *manners* iddo ef. Ac fel y gwelir yn nes ymlaen, ac yntau yn Efrog Newydd ym 1901, roedd Butch Cassidy a'r Sundance Kid yno'r un pryd, a gwŷr Pinkerton ar eu gwarthaf.

Gan iddo gael cyn lleied o lwyddiant yn chwilio aur tra bu yn Weare, mae dyn yn barod i ofyn pam yr arhosodd yno cyhyd. Bu'r 'boys' i gyd yn eu tro yn prosbectio'r holl afonydd bychain yn y cylch, ac i fyny'r Tanana gryn bellter hefyd, ac yn ddiddadl bu Cole a Jackson yn chwilio honno o'i tharddell i lawr pan ddaethant o Dawson gyntaf. Roedd fel petai rhyw reddf yn eu cadw yno hyd yr eithaf cyn rhoi i fyny. Rhyw chweched synnwyr fod y llwch melyn yno yn rhywle. Wedi'r cyfan, os oedd aur i lawr ar y traethau o gwmpas Nome, roedd wedi ei gludo yno gan lif yr afonydd. Roedd felly'n rhesymol i gredu mai rywle i fyny lle'r oedd yr afonydd hynny'n tarddu yr oedd ffynhonnell yr aur hefyd. Ac ymhen ychydig iawn o flynyddoedd profwyd fod y reddf honno yn iawn. Ond roeddent hwy wedi hen ymadael â'r lle erbyn hynny.

Tua chanol 1902 darganfuwyd aur rhwng tarddell afonydd Fortymile a Tanana, mewn man lle buont am wythnosau yn ystod haf '98, yn agos i'r 'village' Indiaidd hwnnw. Ond aur garw ydoedd, yn ddwfn yn y ddaear, ac felly ni bu'r *stampede* arferol i'w gloddio. Roedd yn rhaid wrth gyfalaf a pheiriannau drudfawr i'w gael o'r ddaear. Ond am yr union resymau hyn bu'r darganfyddiad yn barhaol. Nid un rhuthr fawr, a'r cyfan wedi ei hesbio mewn blwyddyn neu ddwy, fel yn y Klondike. Y canlyniad oedd datblygiad graddol, ffyrdd a rheilffyrdd, teuluoedd ac aelwydydd, ac osgoi afreoleidd-dra digyfraith canolfannau'r rhuthriadau eraill. Enwyd y brif dref yn Fairbanks, a bu ei datblygiad hi yn un o'r ffactorau pwysicaf yng ngweddnewidiad Talaith Alaska yn y ganrif hon. Ac fe allai John D. Davies a'i ddisgynyddion fod wedi bod yn berchenogion hanner Fairbanks heddiw petaent ddim ond yn gwybod ble i 'stako' yn haf '98.

Ond yn gynnar ym 1899, hyd yn oed cyn i'r afon dorri, pan oedd John Davies yn ei gaban yn Weare, roedd y rhuthr ar gerdded o Dawson, y Klondike a llefydd fel Circle City i lawr yr Yukon i St Michael a Nome. (Enwyd y lle hwnnw, gyda llaw, drwy gamgymeriad. Roedd rhyw syrfeiwr yn edrych ar ei fap rai blynyddoedd ynghynt a gweld nad oedd enw ar y lle, ac ysgrifennodd y gair *Name?* ar ei ymyl. Gwelodd un arall y map yn ddiweddarach a chredodd mai 'o' oedd yr 'a', diystyrodd y gofynnod—a dyna Nome!) Pawb ar y daith orau y medrai. Sglefriodd un gŵr o Norwy y ddwy fil o filltiroedd—ac yr oedd hwnnw'n trafaelu—hanner can milltir y dydd, medden nhw! Gŵr o Poland, gan na fedrai fforddio tîm o gŵn, yn ei harneisio'i hun i dynnu'r slèd, a chael fflach o weledigaeth mewn storom o wynt ryw ddiwrnod, a chodi hwyl ar y slèd. Roedden nhw'n dweud fod y peth nesa i wreichion yn dod mâs odani ymhell cyn iddo gyrraedd Weare! Gwnaeth un arall y daith ar gefn beic—fe gostiodd gan doler a hanner iddo yn Dawson, gan taw pwy ddaeth ag ef yno. Roedd e'n ei gwneud hi'n o lew ar rew yr afon hefyd, ond fe gafodd bwnsher ar y *tundra* a gorfod ei wthio y pymtheng can milltir olaf!

A'r achos i gyd oedd y sôn fod aur ar y traethau yn Nome. Y cyfan oedd ei eisiau oedd *rocker*. Dyfais syml a weithiai ar yr un egwyddor â mashîn nithio. Gogr weddol fras yn gyntaf. Yna cyfres o risiau bach odano wedi eu gorchuddio â hen flanced, a'r cyfan yn hongian wrth ffrâm o bren. Rhofio tipyn o swnd a graean i mewn i'r gogr a bwcedaid o ddŵr y môr arno ac ysgwyd y cwbwl yn ôl a blaen, ac fe waelodai'r peth manaf ar y blanced yn fath o slwdj, 'panio' hwnnw wedyn a dyna lwch aur. Roedd yn rhaid i'r cyfan fod o bren achos mae'n debyg fod llwch aur yn glynu wrth haearn fel tai wedi ei asio arno. Fe gododd un gŵr di-brofiad dipyn o'r slwdj hwnnw ar ei raw, ac yr oedd ganddo'r rhaw *gold-plated* gyntaf yn yr Yukon!

Beth fedrai fod yn haws, yntê? Dim peiriannau drudfawr, dim 'stako' hawl, dim byd ond whilber, *rocker* a rhaw. A dyna i chi ffortiwn. A bwrw eich bod yn medru dioddef gweithio mewn dŵr nad oedd ond rhyw radd yn uwch na'r rhewbwynt am ddiwrnodau.

I lawr ar y traethau, hefyd, nid oedd yr un amodau yn bod ag oedd i fyny ar y *tundra* (y tir agored, noeth a godai o'r traeth i fyny at droed y mynydd) neu yn y cilfachau a'r afonydd. Yno yr oedd 'claim' yn ddarn o dir tuag ugain erw—1320 o droedfeddi wrth 660. Gellid 'stako' hwnnw i nodi eich hawl arno. Ond ble'r oedd hawl yn dechrau ac yn gorffen, i lawr ar y traeth? Yn y môr? A ph'un bynnag, fe ddeuai'r llanw i mewn a chuddio pob ôl o'r lle bu dyn yn gweithio. Y canlyniad, wrth gwrs, oedd anhrefn hollol. Yr unig 'hawl' a feddai dyn oedd hyd coes ei raw o bob ochr iddo, ac yr oedd yn rhaid amddiffyn hwnnw â nerth bôn braich yn aml.

Bu John Davies a'i griw yn ddigon doeth i gadw draw o'r tryb-lith hwn. Yn hytrach, aeth ef ati'n ddiwyd i brynu a gwerthu lotiau adeiladu, cabanau, yn wir unrhyw beth a ddôi ag elw iddo, ac ar yr un pryd i 'brosbectio' yma a thraw ar hyd y cilfachau, a chadw llygad ar bob *stampede* a argoeliai 'glaim' addawol.

Lle na bo trefn fe ffynna'r diegwyddor. A dechreuodd cwm-nïau amheus a *gangsters* o bob math fanteisio ar ddiffyg cyfraith Nome. Roedd lladrata yn rhemp yno. Un wraig a chanddi stoc go lew o lo yn dala gŵr a chart a cheffyl yn ei ladrata, a thra oedd honno yn gweiddi a sgegan arno (i ddim pwrpas—fe aeth â hanner ei glo) roedd ei bartner yn dod 'nôl a dwyn yr hanner arall. Offer, bwydydd, cŵn (roedd *husky* da yn werth tri chan doler), unrhyw beth y gellid ei symud. Aeth un gŵr adref wedi diwrnod ar y traeth a chael fod y stôf wedi ei dwyn, a honno ynghynn! Ond doedd hynny'n ddim at golled un arall. Dygodd rhywun dŷ hwnnw yn gyfan. Tra oedd ef wrth ei waith yn golchi tywod fe fwriodd rywun raff am ei gaban a llusgo'r cwbwl i ffwrdd—doedd yno ddim hyd yn oed 'arogl mwg llc bu'.

Ond piso dryw bach yn y môr oedd pethau felly o'u cymharu â thwyll cwmnïoedd yr arian mawr a ddechreuodd ddod i mewn. Roedd yno un cyfreithiwr arbennig o anonest a gynllwyniai â seneddwr o'r un brîd, o Dakota—Alexander McKenzie. Synnwn i ddim nad hwn oedd y McKenzie y cafodd John Davies 'row' gydag ef (Gwener, Mawrth 16). Aeth hwn a'r cyfreithiwr ati'n drefnus i ddwyn 'claims' mwynwyr gonest oddi arnynt—yn gyfreithiol, wrth gwrs—a cheisio cael cefnogaeth y Senedd i'w hanfadwaith. Ymunodd y mwynwyr yn ei erbyn a bu nifer o etholiadau a chyfarfodydd cyhoeddus i geisio cael gwell trefn. Cafwyd gwared ar McKenzie, ac roedd y gŵr a arferai ddilyn cyfarfodydd etholiad Sir Aberteifi 'slawer dydd ar flaen y gad, wrth gwrs. O dipyn i beth, ef a'i debyg a osododd seiliau cyfraith a threfn yn Nome.

Bron yn ddyddiol, o ddechrau Mawrth ymlaen, mae'r dyddiadur yn adlewyrchu'r cyffro gwleidyddol a'r ymgiprys yn Nome, ond nid oes sôn i John Davies fynd i lawr i'r traethau i chwilio am aur. Os mai gwanc am y llwch melyn oedd ei brif gymhelliad i fynd i Alaska, rhyfedd na fuasai wedi mynd â'i badell fach a'i raw yr ychydig lathenni i lawr at lan y môr i geisio crafu peth ohono o'r graean. Ond nid yw'n ymddangos mai hynny oedd ei fwriad. Gwneud arian, ie, i dalu'i ddyledion a chynnal ei deulu, a thipyn bach dros ben, efallai, (ac fel yn hanes pawb, maint y tipyn bach hwnnw yw'r cwestiwn). Hyd yn oed mynnu digon i fedru swancio cadwyn aur ar ei frest, yn ddigon diniwed, ac ambell fodrwy go drom. Efallai. Ond gwneud ffortiwn—na, yn bendant. Ni freuddwydiai am ei weld ei hun yn berchen hanner y dref, a phawb yn bowio iddo. Ac yn sicr nid oedd yn barod i aberthu egwyddorion y Sêt Fawr i hynny o ddiben.

Ffaith ddiddorol yw nad oes gofnod ar gyfer 29 Chwefror 1900, er y dylai honno fod yn flwyddyn naid yn ôl y drefn arferol. Ni bu y fath ddyddiad, a bydd y sawl sydd â diddordeb yn nirgelion calendrau yn gwybod pam—bob pedair canrif fe dynnir 29 Chwefror allan o'r flwyddyn, ac fe ddigwydd yr un peth eto yn y flwyddyn 2300.

Ddwy flynedd union wedi i John Davies gychwyn o Red Oak, â'r dyddiadur ymlaen:

    1 Mawrth Iau   heddyw dywyrnod braf eto, cael cwrdd ar y spit i ddiseido beth yr ydym yn myned i wneud.

(Ar y 'sand-spit', darn o dywod a graean a redai'n gyfochrog â'r traeth yn Nome, gan adael math o lyn, lle y gallai llongau angori yn weddol ddiogel.)

    5 Mawrth Llun   tori coed ar tân dywyrnod braf iawn, anfon gair i'r Gold Digger.

Yn ceisio tynnu sylw'r awdurdodau yn Washington at y camwri oedd yn cael ei wneud yn Nome, yn enw'r Senedd.

    7 Mawrth Mer   heddyw eto y Glass mor ucheled a zero.

Cynildeb, hwnna ydi o!

    9 Mawrth Gwe   dyfod i gyffyrddiad a Chymro or enw Fitgeral genedigol o Abertawe
   11 Mawrth Sul   yn cwrdd dwy waith. Robins mewn hwil rhagorol
   15 Mawrth Iau   Cael cyfarfod o ddinasyddion y Sand Spit i drefnu allies a ffordd gyda glan yr afon
   16 Mawrth Gwe   Cychwyn ffenso yn rownd i lot Gorden, Cael row gyda McKenzie.

Ac fe gawsant glust i'w cwynion, a chefnogaeth hefyd yn Washington, wedi hir ymrafael. Perswadiwyd Justice William Morrow fod rhyw ddrwg mawr yn y caws yn Nome a symudwyd y cyfreithiwr di-dryst hwnnw, Oliver P. Hubbard, ac yn bwysicach fyth, Alexander McKenzie, o'u swyddi. Efallai y buasai wedi bod yn gallach i hwnnw fod wedi peidio â phigo cynnen â'r Mochwr! Ond McKenzie neu beidio, aethai'r gwaith o chwilio am y man gwyn man draw yn ei flaen:

   17 Mawrth Sad   Dick yn Locato 90 feet frontage ar fank y Snack (Snake) river, ac hefyd ei recordio.

Ond nid oedd yr holl ymladd â'r oerni, y gwyntoedd a'r caledwaith beunyddiol heb adael eu hôl ar ŵr yn tynnu at ei hanner cant:

> 18 Mawrth Sul   Yn y cwrdd y borau fy ngefn yn rhi ddrwg i mi allu myned yn yr hwir

a bu'r cefn yn ei boeni am bythefnos llawn:

> 19 Mawrth Llun   heddyw Dick gyda Tom Jacob yn paratoi am y Tent fy ngefn yn rhi boenus i allu gweithio gorfod aros yn y dug out
>
> 20 Mawrth Maw   Derbyn 6 o lythyron 3 oddi gartref heno mas meeting er taflu y llywodraeth allan mi yn gorfod aros gartref methu myned allan i wneyd dim gan fi ngefn
>
> 24 Mawrth Sad   Mass meeting heddyw i dadymchwel y llywodraeth ond cytuno a wneythant gyda chydig bach o welliantau, Smith wedi dyfod gartref [o Independence, lle'r aethai i brosbectio ryw bum wythnos ynghynt—cilfach a fu'n un o brif esgyrn y gynnen rhwng y mwynwyr a McKenzie a'i griw].

Nid oedd gan drigolion Alaska, yr adeg yma, hawliau dinasyddion llawn yr Unol Daleithiau, ac felly gwnâi pob ardal orau y medrai ym materion llywodraeth leol. Rhoddai hynny, wrth gwrs, bob mantais i'r diegwyddor gael yr awenau i'w dwylo. Ond rhoddai hefyd darged i bobl fel John Davies anelu ato, a chrynhoi cefnogaeth y bobl gyffredin o'r tu cefn iddynt, er lles yr holl dalaith yn y pen draw, ac yn anuniongyrchol, er lles yr Unol Daleithiau yn gyfan.

> 26 Mawrth Llun   rhoddi ein Lot ar Sale dywyrnod oer iawn, rhewi poppeth i fyny.

Mae'n debyg iddo werthu 'Lot Gorden', honno a brynasai am $300 ym mis Chwefror, i'r Cymro hwnnw o Abertawe, ond ni noda faint a gafodd amdani.

> 3 Ebrill Maw   heddyw borau braf myned am lwyth o goed rhiw 22 o filltiroedd cael llwyth iawn.

Roedd coed tân erbyn hyn yn dechrau prinhau o gwmpas Nome—ni ddeuai'r Yukon â chyflenwad arall i lawr am fis eto. Ond meddylier am fynd ddwy filltir ar hugain dros anialwch o rew ac eira i'w mofyn. A faint oedd ganddo wedi deuddydd cyfan o drafaelu a llafur caled? Dim mwy na rhyw bum cant o bwysau. Collodd drannoeth o achos tywydd stormus, ond yr oedd gwaeth i ddod ar y chweched o'r mis:

6 Ebrill	Gwe	Myned am lwyth o goed a 5 o gwn, storm enbyd yn codi rhewi fy nau glust, bron colli un yn hollol mewn gair bron colli fy mewyd
7 Ebrill	Sad	Heddyw dychwelid a'r llwyth coed, storm arall yn codi boiti 10 or gloch a'r eira yn dysgin, mi gyrhaeddes gartref tia chwech or gloch
8 Ebrill	Sul	Heddyw yn methu myned allan o'r cabin wedi rhewi fi hun yn enbyd fy ngwyneb am coesau.

A llechu yn y 'dug-out' y bu am dridiau, fel anifail wedi'i glwyfo. Ond er gwaethaf y cefn, nad oedd eto wedi llwyr wella, a phoenau arteithiol yr ewinrhew, roedd greddf gyntefig creadur i amddiffyn ei diriogaeth yn ei yrru allan drannoeth i wynebu bygythiad y *jumpers* hollbresennol:

11 Ebrill	Mer	Fi nglust yn bur boenus, dim perigl ei golli erbyn hyn. (Ond cariodd nod Alaska arno weddill ei ddyddiau)
12 Ebrill	Iau	Heddyw rhiw grwydriaid yn jumpo, ac yn adaeladu Cabin ar Lot McQuay.

Daeth yr wythnos i ben 'o gwmpas y cabin' achos yr oedd 'fi wythnos i i gwcio', ac yn y cwrdd ddwywaith y Sul er fod 'fi nglust yn lled ddrwg'.

Nid oes modd i ni bellach wybod union ystyr rhai o'r termau a ddefnyddid gan y gymysgedd o bobl a ffurfiai gymdeithas y gwersylloedd aur, ond gellir casglu eu harwyddocâd yn lled agos drwy roi popeth at ei gilydd:

16 Ebrill	Llun	heddyw yn chwilio i hanes Craven cyn rhoddi lay allan

yr hyn o'i gyfieithu yw, gallwn feddwl, holi tipyn o hanes ariannol rhyw ŵr o'r enw Craven, cyn ceisio gwneud busnes ag ef. Mae'n rhaid ei fod wedi ei fodloni achos drannoeth:

17 Ebrill	Maw	Rhoddi lay allan ar no. 10 above ar glasser y ddau ddyn o'r enw Craven a Bergen setlo am y lot.

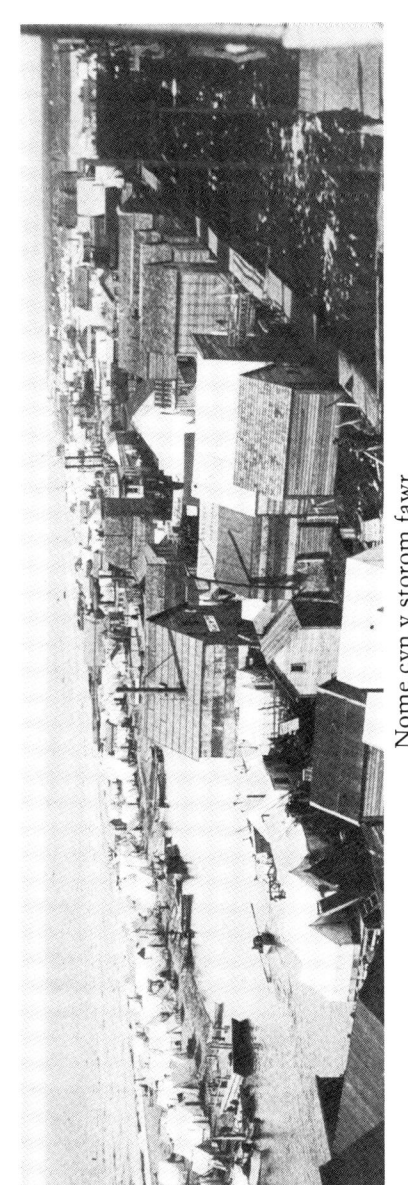

Nome cyn y storom fawr

Wedi'r storom

XI

Erbyn hyn, edrychai arno'i hun yn bennaf fel gŵr busnes—busnes a redai o'r caban, gellid barnu, achos nid oes sôn am adeilad arall ganddo. Nid yw chwaith yn manylu ar union natur y fenter, ond wrth gofnodion y misoedd canlynol, roedd yn ymwneud â thai a thir adeiladu yn bennaf—yr hyn a eilw'r Americanwyr yn *real estate*. Arhosai, felly, y rhan fwyaf o'r amser yn Nome. Ond yr oedd yr angen beunyddiol am danwydd, a'r suon achlysurol am ddarganfod aur yn y cilfachau ac ar y *tundra* yn ei anfon ar siwrneiau mynych filltiroedd lawer i'r wlad arw a'r mynyddoedd ar Cape Nome, lle'r oedd peryglon gwastadol y tywydd anwadal yn fygythiad parhaus na allai neb eu diystyru, ond ar berygl ei einioes.

A'r môr oddi allan wedi ei ddatgloi o rew am ei bedwar mis tymhorol unwaith eto, galwai llongau nwyddau o St Michael gan ddwyn teithwyr yn ogystal, rhagor eto o fwynwyr yn breuddwydio am ffortiwn, ac wrth gwrs newyddion o'r byd tu allan, a'r Mail:

18 Ebrill	Mer	heddyw Prini goods at y fusness
24 Ebrill	Maw	dychwelyd heddyw a'r lod coed, cael Snow Blind
25 Ebrill	Mer	gorfod aros yn y Cabin heddyw Dick a minau bron a bod yn hollol ddall
7 Mai	Llun	Wrth y Tent a patcho yr hen dent, tewydd braf Smith a Mac yn myned i Mistry [*Mystery Creek*]
9 Mai	Mer	Wrth y Tent heddyw eto, gwerthu 25 feet on lot i Fitz am $300
11 Mai	Gwe	Prini 12 of the North end o Lot Walter Pilgrim am $100, gwlaw
16 Mai	Mer	Myfi yn ditcho ar y tyndra rhew fel harn
21 Mai	Llun	Sailing vessel yn y golwg heddyw ar y Bay, y cyntaf wedi yr hydref dyweddaf
24 Mai	Iau	Contract between me and George Stonehouse he is going to give me $500 if he will make $6000 this sumer and I am going to do the same with him.

(Ai Governor Stonehouse oedd hwn, y gŵr yr oedd ganddo 'steam boat' yn trafaelu i fyny'r Yukon y flwyddyn cynt? Os felly, a oedd gan John Davies siârs ym musnes hwnnw hefyd?)

    1 Mehefin Gwe   Wel dyma y cyntaf Mchefin wedi gwawrio
                                    a'r lle yn llawn eira a rhew, rhyfedd oni de
    2 Mehefin Sad   Myned heddyw i weled os oes llythyr i mi
                                      dim i'w gael.

Ond er na fyddai ef yn gwybod hynny am rai misoedd, yr oedd llythyr ar ei ffordd iddo o Faesyffin. Llythyr olaf ei wraig ato. Ar 28 Mai ysgrifenasai:

                                                  Horeb
                                                  Llandyssil

    Fy anwil briod anwil dyma fi or dywed yn hala gair atat   mi dderbines dai lythyr ar 14th or mis hwn . . .
    . . . nid wyf wedi bod lawr or gwely oddi ar pan y derbines di lythyron anwil John mi fyde yn dda genyf gael dy weld a chael sharad gair nei dai a ti ond beth wyf yn sharad a gormod o bellter rhyngom   ond fel oedet ti yn weid yn y llythyr nad oed pellter ffordd nac amser maith ddim yn oery gariad   y mai yr un beth yma yn gewir   twymo mai bob dydd . . .
mai yn dda genyf aller weid wrthit fy mod i dipin yn well erbin hyn   nid wyf yn dda oddi ar gwylfair leny . . .
. . . mai yn da i fod Anne gartre leny ond ni fydd Anne dim yn hir iawn gin mind i Briste [ymadrodd lleol am ddisgwyl plentyn]
. . .
. . . beth yw y dolir nid wyf yn gwybod yn iawn ond . . . fe ddachraiodd yn fy mhen ag mai digon tebig ei fod wedi mind i fy nghorff ond nis gallaf weid yn iawn . . . anwil briod dyna newydd da gefes yn un o dy llythyron dy fod yn weid yr amser oeddet yn bwriadi starto oddi yna am Horeb a dyminiad fy ngalon yw i ti gael rwyddineb i ddyfod adref yn iach   y mai hyny yn fwy o werth na dim   yr ydwyf fi wedi dod i wibod werth iechyd wedi i mi ei golli . . . mi fiodd gwrdde gwarter yn Horeb leny ar 22 a'r 23 or mis hwn a roedd yma Pregethwirs da hefid ond ni gefes i glywed yr un ohonynt wath nid oeddwn yn iach
. . .
. . . y llythyron a dderbines oedd un wedy ei esgrifeni Jan 18th a'r nall Feb 3th a gobeithio dy fod dythe yn derbin fy llythyron ine er hyn yr wyf wedi hala lot . . .
. . . anwil briod y mai rhaid tewi heddy eto gyda gofion gynes atat   hyn oddi wrth dy anwil gwraig
                                                             Hannah.

Mae'n rhaid fod y mis Mehefin hwnnw wedi bod yn nodedig am ei dywydd anwadal, hyd yn oed yn ôl safonau Alaska. Achos wedi nodi fod dydd Llun, y pedwerydd, wedi bod yn 'ddywyrnod braf', heb rybudd o gwbwl:

    6 Mehefin Maw   heddyw oboitu un o'r gloch y borau fe'm deffrowyd gan storm enbyd, dwy sailin vessel wedi myned yn reck ar y beach 3 o ddynion wedi boddi.

Ac ar yr wythfed wedyn, 'heddyw storm enbyd y mor yn chwyddo fel mynyddoedd', a hynny yng nghanol haf. Gwnaeth y stormydd hynny hafog yn ninas Nome. Sgubwyd hanner y pentre pebyll ger y traeth i ffwrdd, suddwyd pump neu chwech o longau a dinistriwyd adeiladau o bob math. Ond erbyn y deuddegfed roedd 'rhagor o steam boats yn dyfod i fewn' er bod 'trwch o eira ar y ddaear'. Daethai'n heulog eto, mewn mwy nag un ystyr:

    13 Mehefin Mer   llythyr oddi wrth Rachel fy merch pob peth yn all right gartref tywy braf heddyw.

A'r bore wedyn, cofnod a brofodd i fod yn arbennig o arwyddocaol:

    14 Mehefin Iau   Mort, George, wedi dyfod i fewn y bore hwn y Boat yn cael ei gymerid a'i anfon i St. Michael, Small pox.

A'r cwmni eto'n gyfan, a'r haf o'r diwedd wedi cyrraedd, ac yntau'n nodi ei fod wedi bod yn y 'cwrdd un waith heddyw' y Sul cyn hynny, ar y deunawfed mae'r nodyn cryptig hwn—'heddyw Paratoiaith i fyned allan ir Creek'. Nid yw'n nodi enw'r gilfach, ac er iddo baratoi dyddiadau ei ddyddiadur hyd ddiwedd y mis, dyna'r cofnod olaf a welir ganddo am ddeng mis. Y mae'n bosib, wrth gwrs, fod un neu fwy o'i ddyddiaduron wedi'u colli. Ond nid yw hynny'n debygol achos mae'r cofnodion yn hwn yn gorffen ar ei hanner, ac yntau wedi paratoi lle ynddo o leiaf hyd ddiwedd Mehefin. Gan nad ysgrifennodd ddim mwy ynddo, mae'n fwy na thebyg iddo adael y dyddiadur hwn ar ôl yn y caban pan aeth allan i'r gilfach honno. Ffaith sy'n awgrymu y bwriadai ddychwelyd yn weddol fuan.

    Lai na mis wedi iddo fynd allan i'r gilfach i chwilio am aur, bu farw ei wraig Hannah. Mae'n amlwg fod ei hiechyd yn waeth nag yr addefai, hyd yn oed. Ar ei gwely angau fe ddywed-

1900

12 Maw rhagor o Steam .... 21 Iau

13 Mer .... Carl ....   22 gwe
     ade ..... Rachel fu merg
     pob pett yn all right ......
     yn ....

14 Iau Mort; George, ...   23 Sad
     a fewn y .... y Boat
     yn ....
     i St Michael Smallpox.

15 gwe ....   24 Sul
     ....
     a George, yn ......

16 Sad ...., and ....   25 Llun

17 Sul yn Cauadd un   26 Maw
        ...... Hedd yn

18 Llun hedd yn ....   27 Mer
       à fined allan yn
       ....

19 Maw   28 Iau

                                     29 gwe
20 Mer
                                     30 Sad

odd wrth Rachel i'r holl ofidiau dros y blynyddoedd gronni o'i mewn nes bod y cwbwl i gyd 'wedi fy nghwympo yn y diwedd'. Galwodd enw ei gŵr, a bu farw. Ac yn ôl yr arfer yr adeg honno, bedyddiwyd ei hŵyr cyntaf, mab Anne, ar arch ei fam-gu.

Sut a phryd y cafodd ei gŵr wybod ni ŵyr neb, ond lai na chwech wythnos wedi ei marw, gadawodd Nome am adref. Hyd yn ddiweddar iawn nid oedd sicrwydd na sut na phryd y gwnaeth hynny, ond yn wyrthiol bron, mewn cyhoeddiad Americanaidd, *The Alaskans*, gwelwyd y llun hwn, lle gwelir ei enw a'r dyddiad yn glir ar yr arysgrif.

Nid oes dim o hanes ei daith adref ar glawr, ond gwyddys i'w fab Thomas ddod i gwrdd ag ef i orsaf Pencader, ac er iddo ef adnabod ei dad ar unwaith nid adnabu John Davies ef. Mae pum mlynedd yn gwneud mwy o wahaniaeth i'r pymtheg oed nag i'r pump a deugain. Ni ellir ond dychmygu'r daith i Horeb, a phan gyrhaeddodd Faesyffin roedd y tŷ yn llawn o'i holl gymdogion a'i deulu—yn llawn o bawb, ac yn wag o un. Aeth ar ei union, bron, i lan y bedd ym mynwent Bwlch-y-groes, a gollwng yno ddagrau pum mlynedd ei esgeulustod ohoni.

    Tynged pob chwant yw angau,—anorfod
      Yw arfaeth yr oesau.
    Rhy hwyr yw edifarhau,
    Byddar yw'r cerrig beddau.

XII

Daeth John Davies â 'nyget' aur bob un i'r bechgyn ac i'w ŵyr, a thrysorir y rhain o hyd ymhlith y teulu. Yn ôl disgrifiad Anne Slibwrt, ei hen gymdoges ffraeth, roedd ef ei hunan 'yn our i gyd,—pin tei a thelpyn mowr o our arno, tshaen watsh fel 'y mraich i a modrwy our gymint a dwy'.

Arhosodd yno hyd ganol mis Ebrill y flwyddyn ddilynol, ac y mae'n ddi-ddadl iddo dalu rhai o'i ddyledion lleol, ac ar Rachel, y ferch ddi-briod hynaf yn y teulu, y syrthiodd y baich o gadw'r tŷ a magu'r plant iau, nad oedd yr ieuengaf ohonynt, Enoch, ond pum mlwydd oed. Os bu merch erioed a dyfodd yn wraig mewn diwrnod, Rachel oedd honno. Hanner-addolai ei thad, a thrwy holl galedi a helbulon y blynyddoedd a ddilynodd farw ei mam, ni phallodd ei ffydd hi ynddo unwaith. Magodd ei blant a chyd-rannodd ei lawenydd a'i ofidiau, a thrwy'r cyfan i gyd, tyfodd yn biler cymdeithas ac yn addurn i'w chrefydd.

Ond yr oedd gan ei thad yn awr gryn eiddo dros saith mil o filltiroedd i ffwrdd yn Alaska, a'r argoelion allan yn y cilfachau yn fwy disglair nag erioed am rywbeth bach mwy na digon i glirio'i ddyledion yn unig. Mae'n siŵr iddo deimlo hefyd y byddai holl aberth y pum mlynedd diwethaf yn ofer pe nad âi'n ôl. Holl galedi trywydd y Skagway, a misoedd unig y caban yn Weare a'r rhewi yn y 'dug-out', i gyd yn ddibwrpas hollol. Ac er iddo addef yn ddiweddarach y byddai'n dda ganddo pe bai wedi gwerthu'r cyfan cyn dod adref y tro cyntaf hwn, yn ôl yr aeth. Mae tystiolaeth sicr yn dangos i John Davies wneud ei ewyllys ar 17 Ebrill, 1901, cyn cychwyn ar ei ffordd yn ôl i Alaska.

Fe'i hebryngwyd i Landysul gan Ben Davies, Blaenythan, eto, a hwyliodd o Lerpwl ar 20 Ebrill, 1901. Ailgydiodd yn ei ddyddiadur yr un diwrnod. Bron ar unwaith, a hynny am y tro cyntaf yn ystod ei holl deithiau, achwyna iddo gael pwl o 'sal mor', a hynny'n go ddrwg, cyn cyrraedd Queenstown:

> 21 Ebrill Sul   Cyrraedd Queenstown tua naw or gloch heddyw dywyrnod braf, Cael salwch y mor, Mis Seimon a minau.

Nid oes sôn pellach am y Miss Seimon hon ond mae'n amlwg iddo ef gael dôs go drom, achos nid cyn y chweched ar hugain, a hwythau ar gyrraedd Efrog Newydd, y cofnododd ei fod yn 'teimlo lawer yn well heddyw, dywyrnod braf'. O Efrog Newydd, i Chicago ac yna i Red Oak eto, lle'r arhosodd am dair wythnos, tan yr 20 Mai.

Y cyntaf i'w gyfarfod yno oedd ei hen gyfaill Dick Davies, a threuliasant ddiwrnodau lawer yn ymweld â hen gyfeillion a wnaethent chwe blynedd cyn hynny. Mynd i'r cwrdd bob cyfle, wrth gwrs, a John Davies 'yn rhoddi math o anerchiad yn yr hwyr', un nos Sul yn yr hen gapel yn Wales. Roedd y croeso ym mhobman, y mae'n amlwg, yn hollol Americanaidd ei naws, ac oni bai ei bod yn Sul, byddai dyn yn barod i amau rhywbeth annheilwng o'r Sêt Fawr wrth weld cofnodion fel y rhain:

| 5 Mai Sab | Myned i'r cwrdd i Wales, swper gyda Bill H. gorfod cysgu yno, methu myned oddi yno |
| 6 Mai Llun | borau heddyw, myned i weled Evans Factory, aros yno heno, yr hen goesau mewn hun. |

Mae'n amlwg oddi wrth nifer y tai y bu'n ymweld â hwy ei fod wedi bod yn ŵr poblogaidd iawn yng nghylchoedd Wales a Red Oak yn yr hen ddyddiau. Braidd na chyhoeddid gŵyl lle bynnag yr âi. O dŷ i dŷ yn ymweld, cwmnïa a gwledda, a chan amled yr enwau a'r cyfeiriadau Cymreig, hawdd y gallai rhywun feddwl ei fod yn sôn am Aberaeron neu Landysul. Eto, ymhlith y llu cyfeiriadau at wahanol bobl, nad ŷnt yn golygu rhyw lawer i'r sawl nad yw'n gwybod amdanynt, mae ambell air yma a thraw sy'n bywhau'r cyfan. Fel ei gyfeiriad at 'yr hen Nel a Buggy Bob Owen'. Mae rhyw lawenydd bachgennaidd bron i'w synhwyro yn ei gofnod ei fod wedi cael 'Dreifio yr hen Nel heddyw'. Hen gaseg, mae'n debyg, a gofiai, ac a'i cofiai yntau wedi'r holl amser y bu i ffwrdd. Rhyw orfoledd a balchder fel ag a deimlai crwtyn o'r oes honno wrth gael gyrru ceffyl ei dad am y tro cyntaf. Ac onid yw croeso creadur yn aml—ci, ceffyl neu gath efallai—yn medru cyffwrdd dyn yn ddwysach hyd yn oed na chroeso'i gyfeillion dynol.

Treuliwyd un diwrnod yn:

myned i Red Oak i roddi cyfrif i'r Company
y Company yn berffaith foddlon ar yr account.

Dyma eto gwmni arall y mae'n amlwg fod gan John Davies ddiddordcb, a siârs efallai, ynddo. Gwyddom iddo fod yn gwsmer i'r Farmers' National Bank am flynyddoedd, o bosib ei fod yn gyfranddaliwr yn ogystal.

Ar 20 Mai cychwynasant oddi yno yn ôl i Alaska. Ond dim rhagor o drywydd y Skagway a'r mynyddoedd. 'Ffordd y dyn cyfoethog' oedd hi'r tro hwn. I Seattle ar y trên ac ar y Valencia yn groes i Eneufor Alaska i gyfeiriad yr Ynysoedd Aleutian i Unalaska a Dutch Harbor. Sâl môr unwaith eto am wythnos gyntaf y fordaith, ond gwellodd ddigon i fynd i'r lan ar y Sul:

> Glanio tia 8 yn y borau, myned i'r lan ac i'r cwrdd i wrando gwasanaeth eglwys Groeg, Pabyddol iawn.

Er ei bod yn ganol Mehefin, prin yr oedd y môr yn glir o iâ, ac y mae mwy o bryder i'w glywed yn y cofnodion nag yn ystod un o'i deithiau morwrol, bron:

13 Mehefin	Iau	Aros yma (Dutch Harbor) heddyw eto dywirnod stormllyd iawn duolch ein bod ni i fewn na fuasem ni yn y rhew
15 Mehefin	Sad	Gadael Unalaska am 7 or gloch y borau hwn am Nome gobeithio bydd lwc yn ein canlyn
17 Mehefin	Llun	Taro i rew tia 2 or gloch y borau, treio gweithio ein ffordd drwodd drwy y dydd.

Ond cyrhaeddwyd Nome yn ddianaf ar yr ugeinfed, yng nghanol y niwl, a pharatoi ar unwaith 'i fyned allan ar y Creek'. Ond, a hithau'n Sul drannoeth, roedd yn rhaid 'myned ir cwrdd heddyw ddwy waith. Pregethwr da'. Cymerodd dri diwrnod i gyrraedd Left Fork rhwng y 'gwlawio a'r llyfogydd', a'r croeso ymhell o fod yn wresog:

26 Mehefin	Mer	Cyraedd Left Fork wyth or gloch y borau, gorfod nofio dros Iron Creek.

Ac wedi 'Patsio y tent yn barod', dyma 'ddechrau gweithio' yn ddiymdroi.

O hyn ymlaen gwelir un newid bach, ond hollbwysig, yn ei gofnodion. Ar ymyl y ddalen, y naill ochr neu'r llall gwelir y llythyren *g*. Heb os, golyga hynny ei fod wedi cael rhywfaint, beth bynnag, o aur yn ystod y dydd. Dyma'r tro cyntaf y gwelir

y fath beth wedi pum mlynedd bron o ddyddiadura. O'r diwedd
—y llwch melyn yr aberthodd gymaint er mwyn dod o hyd
iddo. A chan mai dyma'r prawf pendant cyntaf o lwyddiant yn
ei hanes fel mwynwr, fe ddisgwyliai dyn y byddai mwy o orfol-
edd ynglŷn â'r peth rywsut. Ond doedd dim bloedd enfawr o
'Eureka' na 'Haleliwia' na dim,—dim ond *g* fach ddi-nod ar
ymyl y ddalen. Ond *g* fach sy'n dweud y cyfan.

Mae'n bosib, wrth gwrs, ei fod wedi darganfod aur cyn hyn,
yn ystod ei ddeufis olaf cyn iddo fynd yn ôl adref wedi marw
Hannah, yn ystod y misoedd coll nad oes gofnod amdanynt,
ond mae lle i amau hynny. Mae'n fwy na thebyg mai dyma'r
arwydd cyntaf i John Davies fod y reddf a'i gyrrodd yr eilwaith
o Horeb bell a chysuron ei deulu, yn mynd i'w arwain y tro hwn
at fodd i glirio'i ddyled i gyd, a thipyn bach dros ben. Ond faint
bynnag oedd ei awydd am drysor, faint bynnag ei ysfa, ie, a'i
wanc, o bosib, am 'aur y byd', mae cofnodion y Suliau yn ddi-
gyfnewid. Gallai fod yn *g* ar y Sadwrn a'r Llun o bobtu iddo, hyd
dragwyddoldeb am wn i, ond ni roddai John Davies ei raw yn y
ddaear ar y Sabath:

g	28 Mehefin Gwe	Packo heddy eto o Iron Creek i Lulu	
g	29 Mehefin Sad	Corphen packio Dick, George a Walice am bobo back, minau yn tori coed	
	30 Mehefin Sab	Gorphwys heddyw, cadw y dydd Saboth fel pe baem yn shir Aber-teifi, bendith Duw fyddo ar Dick a minau	
	1 Gorffennaf Llun	Dywyrnod braf, y cyntaf er pan y daethom yma, gweithio yn galed tori rhew	g
	2 Gorffennaf Maw	Dywirnod da iawn yr eira a'r rhew yn toddi yn iawn, gweithio yn galed, yr afon yn codi yn enbyd	g
	3 Gorffennaf Mer	Gweithio yn galed heddyw eto, gwlawio, gobeithio y bydd i mi ei tharo yn gyfoethog	g
	4 Gorffennaf Iau	Gweithio yn galed heddyw eto, bwrw eira heddyw, ar ddaear yn llawn rhew	g

	5 Gorffennaf	Gwe	Gweithio yn galed heddyw Tori drwy y rhew, cael 3 llythyr heddyw	g
	6 Gorffennaf	Sad	Gweithio heddyw eto fy nwylaw yn ddolirus iawn dywirnod da	g
	7 Gorffennaf	Sab	Dick a minau yn gorphwys ar ddydd yr Arglwydd ar Boys ereill yn gweithio	
g	8 Gorffennaf	Llun	Gweithio heddyw eto duolch am iechid, duolch fod fi nglun yn well	
g	9 Gorffennaf	Maw	Gweithio heddyw eto yr hen dditch yn cai ar weithaf Dick a minau	
g	10 Gorffennaf	Mer	Gweithio heddyw eto yr hen dditch yn cafio i fewn yn enbyd	
g	11 Gorffennaf	Iau	Gweithio heddyw eto fy nwylaw yn gwaedi dywirnod braf	
g	12 Gorffennaf	Gwe	Gweithio dywirnod gwlawiog, rhew yn y ddaear	
g	13 Gorffennaf	Sad	Gweithio drwy y rhew ar Rogers gulch, gollwng y Creek drwy y ditch ar lulu	

A dyna fu'r hanes am weddill y mis. Yr *g* fach gogyfer â phob dydd ond y Sul, a'r gweithio, gweithio, gweithio, yn galed a di-ildio, ac yn talu. Ymadawodd George â'r cwmni, pa un ai cael digon o aur a wnaeth ynteu gael digon ar y gwaith, ni ddywedir. Prin y cymerent amser i fwyta, ond llwyddasant i ollwng Marples a Cole yn rhydd am ddiwrnod i fynd yn ôl i Nome i mofyn bwyd. Erbyn hyn gweithient ddwy ffos gyda'i gilydd ar Lulu Creek, y No. 3 a'r No. 5, ys dywed John Davies, gan roi i fyny gweithio'r ffos honno a gaeai i mewn. Nid oedd beryg i'r fath beth ddigwydd yn y gaeaf, wrth gwrs, gan gymaint y rhew, ond fel y meddalai wyneb y tir ryw 'chydig yn yr haf, rhedai'r toddion eira a'r dŵr glaw i mewn i'r ffosydd gan fygwth einioes yn fynych, achos gweithient i lawr at ddeg a deuddeg troedfedd, heb ddarpariaeth yn y byd i bropio'r ochrau. Fel yr âi'r ffosydd yn hwy ac yn ddyfnach roedd yn rhaid torri sliwsiau i reoli'r dŵr, gan wneud cafnau o bren i'w arwain lle'r oedd ei angen. Roedd peth dŵr yn gymorth iddynt, a gormod yn rhwystr.

Aeth y llafurio proffidiol ymlaen yn hwylus ddigon bron hyd ddiwedd y mis, ond wedi i 'Dick a minau' fod yn 'gorphwys a darllen gair y gwirionedd' ar y Sul, daeth dau beth i darfu ar y gweithgarwch. Moscitos a'r *Jumpers*. Am y naill, ni ellid gwneud dim ond eu goddef, a goddef y llall fu raid iddynt am beth amser, hefyd. Ond gellir synhwyro o ddydd i ddydd fod yr amynedd yn treulio'n go denau:

    g 24 Gorffennaf Mer   Gweithio yn galed ar 3 heddyw eto Lulu Jumpers yma heddyw
    g 26 Gorffennaf Gwe   Gweithio ar y 3 y Jumpers o gwmpas Dywirnod braf
    g 29 Gorffennaf Llun   Gweithio ar No 3 Lulu dywyrnod braf mosquitos
    g 30 Gorffennaf Maw   Gwilio y Jumpers heddyw, 15 neu 20 ar 5 Lulu
    g 31 Gorffennaf Mer   Gweithio ar 5 a'r Jumpers hefyd dywirnod braf.

Ymlaen i ddechrau Awst a'r ymyrwyr yn dal i ddamsang ar eu cyrn. Ond aeth pethau i'r pen ymhen ryw wythnos ac ar ddydd Sadwrn y degfed, yn ogystal a'r g fach galonogol, gwelir fod 'y Jumpers yn cael notice to quite [*quit*]!' A pha ffordd bynnag y sillefir y peth, mae'n amlwg ei fod wedi bod yn ddigon—ni welir mwy o sôn amdanynt.

Agorwyd ffos arall ar Lulu a'i bedyddio yn rhif saith, ac aethpwyd yn ôl i ailweithio ar Left Fork (honno a adawyd ryw dair wythnos ynghynt—tebyg i bethau wella yno yn y cyfamser) a gweithio'r ddwy bob yn ail â Rogers Gulch. O dan drefn felly, nid oedd diwrnod na fedrent weithio, a chael hyd i aur. Eithr faint bynnag fyddai'r llwyddiant, cadwai John Davies y Sabath fel erioed. Ond tybed nad oes awgrym bach o'r Philistiad hunangyfiawn i'w glywed yn y cofnodion hyn?

    4 Awst Sab   gorphwys heddyw eto fel arfer, duolch am gael esiampl pan yn ieuangc
    18 Awst Sab   gorphwys fel arfer heddyw, na wna ddim gwaith.

At ddiwedd y mis, hefyd, gwelir amrywiad pellach yn y cofnodi. Yn ogystal â'r g fach yn dynodi iddynt ddod o hyd i aur, dechreuodd John Davies nodi gwerth yr hyn a gawsent:

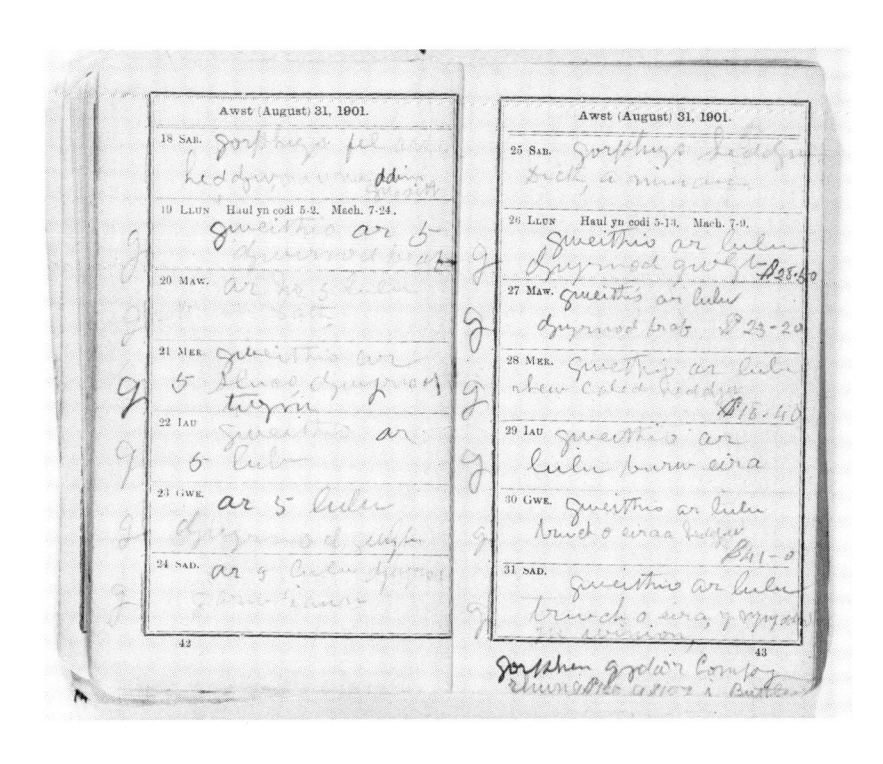

g	26 Awst	Llun	Gweithio ar Lulu dywyrnod gwlyb	$28.50
g	27 Awst	Maw	Gweithio ar Lulu dywyrnod braf	$23.20
g	30 Awst	Gwe	Gweithio ar Lulu trwch o eira heddyw	$41.00

ac ar y dydd Sadwrn, dydd olaf Awst, y cofnod pwysig:

> Gweithio ar Lulu trwch o eira y mynyddoedd yn winion Gorphen gyda'r Company rhwng $120 a $127 i Butler.

Y cwmni oedd y Los Angeles and Cape Nome Mining Company ac y mae'n debyg iddynt honni nad oedd modd ganddynt i dalu John Davies a'i gyfeillion. Aeth yr anghydfod ymlaen am fisoedd ond daliodd y criw i weithio Lulu tra cawsent aur. Erbyn canol Medi yr oedd arwyddion fod aur y gilfach honno yn rhedeg allan a symudwyd yn ôl eto i Left Fork, ond i weithio ffos arall, y Shole, y tro hwn. Nid oedd sôn am lwyddiant o gwbwl yno, ac ar ddydd Sul yr ail ar hugain roeddent wedi mynd 'heddyw ar ein taith tia Big Hurrah gorfod myned ar y Saboth'. Ond er bod sôn am un neu ddau 'ddywyrnod go lew', ni welir na'r g fach chwaith nac unrhyw gyfrif am aur yno. Ymlaen i ddechrau mis Hydref a'r gaeaf yn prysur nesu mae cofnodion tri diwrnod yn dweud y stori i gyd:

  2 Hydref Mer Heddyw eto chwilio am yr aur
  4 Hydref Gwe Cychwyn am Mistry [Mystery Creek]
  5 Hydref Sad Ar ein taith i Nome.

 Wedi'r llwyddiant dyddiol ar Lulu, eu hangen yn awr oedd darganfod cilfach arall yr un mor addawol. Ni fu llwyddiant ar Big Hurrah, er bod honno'n gilfach y tynnwyd aur aruthrol ohoni gan y rhai cyntaf a aeth yno. Fel yn hanes sawl peth arall, y cyntaf i'r felin oedd piau hi yn Alaska, hefyd. Rhoi cynnig ar y Mystery Creek wedyn, ond, a hithau bellach yn ddechrau Hydref, ni byddai fawr o amser cyn y dôi'r rhew i gloi'r holl wlad eto. Buasai Dick yn gaeafu yn Red Oak y flwyddyn cynt, pan oedd John Davies adref yng Nghymru, ac y mae'n bosib mai hynny a barodd i hwnnw wneud yr un fath, a bwrw'r gaeaf allan o Alaska. Pa un a oedd yn fwriad ganddo ar y pryd i fynd yn ôl i Gymru am yr eilwaith ai peidio, nid yw'n glir, ond dyna a wnaeth. Ond yn gyntaf roedd yn rhaid mynd i Seattle a Red Oak ac yn groes i America unwaith yn rhagor:

  8 Hydref Maw aros yn Nome
  9 Hydref Mer disgwyl am long
  12 Hydref Sad Senetor i fewn heddyw
  13 Hydref Sab heddyw eto mewn hiraeth am gychwyn
  19 Hydref Sad hwilio allan am 2 or gloch yn y borau
         diwyrnod braf.

XIII

Cyn codi tocyn i fynd ar y *Senator*, treuliasai John Davies ddiwrnod yn Nome yn ceisio dod i ryw ddealltwriaeth â Butler a Marple ynglŷn â'r gyflog oedd yn ddyledus i Dick a Wallice Cole ac yntau. Roeddent yn y sefyllfa o fod yn gweithio i gwmni yr oeddent hwy eu hunain yn gyfranddalwyr ohono. Felly, a hwythau'n awr yn tynnu allan o'r cwmni hwnnw, nid yn unig yr oedd cyflog yn ddyledus iddynt, ond gwerth eu cyfranddaliadau hefyd. Ond gwaetha'r modd, 'methu cael yr un settlement gyda Butler a Marple' fu hanes yr ymweliad hwnnw, a hwyliodd ar y *Senator* am Seattle a'r mater heb ei orffen. Ar 22 Hydref, ac yntau dri diwrnod ar y fordaith, roedd 'y mor fel llyn a minau yn teimlo yn hyfryd, y daith gyntaf i mi heb fod yn sal'. A chawsant siwrnai fendigedig yr holl ffordd i Seattle, ac arhosodd Dick yn Spokane, heb fod nepell oddi yno, lle gaeafodd y flwyddyn cynt. Ymlaen wedyn i Red Oak eto lle'r oedd yn rhaid gwneud y gylchdaith i weld yr hen gyfeillion, a 'myned i weled y Company'. Ni nodir enw'r cwmni hwn yn unman, ac fe gofir iddo fod yn rhoddi cyfrifon 'i'r Company' ar ei ffordd yn ôl o Gymru, y gwanwyn hwnnw. Gwyddys iddo fod yn gwsmer i'r Farmers' National Bank ers blynyddoedd (ac mae'r enw yn awgrymu ei fod un ai'n fusnes cydweithredol neu'n un cyhoeddus). Y tebygrwydd yw fod gan John Davies gyfranddaliadau yn hwnnw hefyd, onide ni buasai'n rhoddi cyfrif iddo am weithgareddau yn Nome, filoedd o filltiroedd i ffwrdd.

Rhan fawr o unrhyw fath o wyliau i John Davies, wrth gwrs, oedd cyfarfodydd crefyddol, ac ar ddydd Sul, y degfed, cafodd dri chwrdd. Ysgol Sul y bore, a chwrdd (pregeth, yn ôl pob tebyg) y prynhawn a'r hwyr. Yn fore drannoeth, yr oedd ar ei ffordd i Chicago ac yn ôl i Gymru. Eithr hanes llawer teithiwr arall oedd ei ran yn New York—colli'r bws—'Cyraedd New York am 9 y borau, ¼ awr ar ol amser y boat sef, Campenia.' Ac nid oedd dim amdani ond aros am long arall i ddod i mewn. Ond, y tro yma, yr oedd ganddo aur y Lulu yn ei logell, a dewisodd ladd yr amser yn y Palace Hotel, dipyn yn wahanol i'w noson gyntaf yn y metropolis honno sawl blwyddyn yn ôl, pan fu raid iddo fegian am gael mynd yn ôl i'r llong i gysgu am noswaith. Ond hir yw pob aros, hyd yn oed yn y Palace—'heddyw eto yn New York amser diflas i aros am foat'. Eithr ymhen deuddydd yr oedd ar fwrdd y *Tutonic* ac yn hwylio am Lerpwl. Mordaith hyfryd, yn ei eiriau ef, a'r môr fel llyn, gyda'r bonws ychwanegol iddo gael 'Gwasanaeth crefyddol ar y Boat', ac yr oedd adre ym Maesyffin ar y diwrnod olaf o Dachwedd, y Sadwrn.

Prin y gallai fod wedi dadbacio nad oedd yn yr Ysgol Sul yng Ngwernllwyn y bore wedyn, a'r nos drannoeth yng nghyfarfod arbennig Llun cyntaf y mis—'cwrdd nos llun cyntaf yn y mis rhagorol iawn'. Roedd yn ôl yng nghanol ei bethau. Yn ychwanegol at gyfarfodydd arferol y Suliau a nosweithiau'r wythnos, roedd yna gyffro arall yn cerdded ardal Penrhiw-llan a'r Gwernllwyn yr adeg yma. Penderfynwyd chwe wythnos ynghynt adeiladu capel newydd, ac yr oedd ef, ac yntau'n ddiacon, ar y pwyllgor adeiladu. Wrth ei fodd unwaith eto. A phan fyddai ef, weithiau, ar fusnes tua Chaerfyrddin neu rai o drefi'r De, talai gymydog iddo am ei gynrychioli yn y gwaith gwirfoddol o gywain cerrig at y capel newydd:

3 Rhagfyr	Maw	Daniel Gorsfach ar rhos Nantygwynfan clyrio at Gwernllwyn drostwy	2/9 Paid
6 Rhagfyr	Gwe	Daniel Gorsfach ar rhos droswyf fi heddyw eto	Paid 2/6.

Ac y mae'n ddiddorol sylwi ar y gwahaniaeth yn nhâl labrwr yng Nghymru ac Alaska ar y pryd. Hanner coron y dydd, sef hanner doler, i Ddafydd Gorsfach, a John Davies yn aml yn rhofio gwerth canwaith gymaint â hynny o'r ddaear allan ar y Lulu.

Un cyfeiriad yn unig sydd gan John Davies yn ei ddyddiadur at rywbeth a all fod yn ymwneud â thalu peth o'i ddyled— 'Heno setlo clwb y Porth'. P'un a yw'n cyfeirio at Porth y Rhondda neu at Westy'r Porth yn Llandysul, ni ellir bod yn siŵr, ond o wybod am ei dueddiadau, byddai rhywun yn tueddu at y cyntaf, rywsut!

Mae'n ffaith iddo deithio sawl gwaith i gymoedd y De yn ystod yr amser yma. Mae tystiolaeth llythyron ganddo'n ddiweddarach yn profi hynny, ac y mae'n bur debyg fod y ffaith iddo glirio rhai eto o'i ddyledion i'w gyfrif yn rhannol am ei fwynhad beunyddiol.

Ar 14 Rhagfyr 1901, ceir y cofnod olaf yn ei ddyddiadur am y flwyddyn honno, ac nid oes, gwaetha'r modd, ddyddiadur pellach ar gael. Bu'n rhaid, felly, olrhain ei hanes o hyn ymlaen drwy gyfrwng llythyron a anfonodd adref.

Mae llythyr a anfonodd Ben Davies, Blaenythan, ato ar 20 Ebrill 1902, yn dystiolaeth weddol bendant i John Davies gychwyn ar ei ffordd yn ôl i Alaska am y trydydd tro y diwrnod cynt. Cofier mai hwn oedd ei gymydog pennaf, ac ef yn ddieithriad a'i hebryngai i gwrdd â'r trên yn Llandysul ar gymal cyntaf ei siwrneiau.

> Anwyl frawd,
> Efallai y dylaswn fod wedi dweud wrthych prydnawn ddoe, y byddaf barod os bydd angen i roi rhyw gynorthwy arianol i'ch teulu os byddant yn brin am y misoedd nesaf yma. Ni feddyliais gymaint am hyny ddoe.
> Tebyg genyf eich bod wedi gofalu am ddigon i'ch cludo eich hun dros y moroedd.
>
> Yr eiddoch yn gywir
> Mr J. D. Davies   20/4/02   Ben Davies

Felly, flwyddyn union i'r diwrnod yr aethai i Alaska yr eilwaith, fe wnaeth y siwrnai y trydydd tro. Roedd yn Henderson, Iowa, erbyn 8 Mai gan iddo anfon llythyr oddi yno at ei blant. Wedi holi am eu hiechyd, a diolch am ei iechyd ei hun, yn ôl ei arfer, addawodd anfon arian adref 'o hyn i ben y pythefnos os na ddaw rhywbeth na wn am dano heddyw'. Roedd Thomas, ei fab, yn amlwg ar fin priodi cyn iddo adael a mynegodd ei ddymuniad i hwnnw a'i wraig fynd yn ôl i Horeb at grefydd. Roedd Hannah, ei ferch, yn arfaethu mynd i'r Ceinewydd i ddysgu gwnïo a dymunai'n dda iddi, ond gofidiai y byddai'n rhaid iddo fynd i Alaska wrtho'i hun y flwyddyn honno, gan fod 'Dick am aros allan yr haf hwn'.

Ysgrifennai bob rhyw bythefnos, fwy neu lai, gan holi am bethau'r cartref a'r ardd, a hynt Hannah, na fu erioed yn rhyw gryf iawn. Eithr mewn llythyr sy'n anghyflawn ond a ysgrifennodd tua chanol Gorffennaf, mae cyfeiriad annymunol braidd.

Mae'n amlwg yn hwnnw ei fod wedi derbyn llythyr oddi wrth Rachel yn dweud am ryw sibrydion yn ardal Horeb fod menyw arall gan John Davies mewn golwg. Yn wir, roedd y suon cyn gryfed ag i argyhoeddi Rachel ei bod ar fin cael ei throi allan o Faesyffin i wneud lle i'r wraig newydd. Y ddarpar wraig honno, yn ôl y rheini sydd bob amser yn gwybod busnes pobl eraill yn well na hwy'u hunain, oedd neb llai na'r Miss Seimon honno a fu'n cyd-ddioddef salwch y môr gyda John Davies pan ddychwelodd i Alaska y tro cyntaf, ac a deithiodd gydag ef i Efrog Newydd. Gan taw sut y cyrhaeddodd y si ardal Horeb, na phwy a'i cychwynnodd, (os nad Miss Seimon ei hun—nid hwnnw a fyddai'r tro cyntaf i ferch sengl wneud hynny, na merch briod chwaith, erbyn meddwl, ac y mae rhyw led awgrym yn llythyr John y gallai hynny fod):

> ... felly Rachel nid oes dim sail ir stori, ond fel y gwyddost fi mod i yn garedig, ac fe fies yn garedig iawn ir ferch hono o Maesteg, drwy rhoddi Pob cymorth ac a allwn iddi yn Liverpool, ac ar y llong, obosibl ei bod wedi cam gasglu oddi wrth y ffaith fi mod wedi bod yn Maesteg yn ei gweled hi ar Bachgen hwnnw, sef Bowen, ac fe alwes i weled ei chwaer ai theulu gauaf dyweddaf fel y gwyddost ...
> ... ond fe fiasau yn dda genyf Pe baet wedi dweid wrthyf pan yr oeddwn yna ...
> ... Peth arall Rachel, yr oeddet yn dweid yn di lythyr, efallai y biaset ti yn cael di droi allan, ac heb le i fyned, nid ydwyf yn meddwl eich bod fel Plant erioed wedi cael lle i feddwl hyny am eich Tad, yr wyf yn meddwl fi mod môr dyner o fi mlant ar un tad arall ...

Cyfeiria at yr un peth mewn llythyr bron flwyddyn yn ddiweddarach:

> ... Yr wyf yn dweid wrthyt un waith eto, fe ddwedes lawer gwaith yn y llythyr or blaen nad oes dim eisiau i chwi fel plant i ofidio am eich Tad cyhyd ac y byddwch chwi yn blant da i mi nid oes eisiau i chwi drwbli, ni ddaw neb dieithr i Maesyffin, nac i un lle arall lle y byddwyf fi, ac yna gadewch i bobl ddweid peth ag a fynont, os caf fywyd i ddyfod gartref mi roiaf daw arnynt ...

Mae'n amlwg iddo wneud hynny, hyd yn oed o bellter Alaska, achos ni bu ragor o sôn am y peth.

Erbyn 27 Gorffennaf, cyfeiriai ei lythyron yng ngofal y Beau Mercantile Company yn Nome, cwmni arall eto yr oedd yn gyfranddaliwr ynddo. Ond y mae'n amlwg ei fod yn gweithio gryn bellter i ffwrdd gan ei fod yn aml yn sôn am anfon ei lythyron pan âi i mewn i Nome, neu pan gawsai rywun i fynd â hwy i mewn drosto.

Pethau teuluol Maesyffin a'r plant, yn naturiol, oedd ei bwnc fynychaf, ynghyd â manion perthnasau a'r ardal yn gyffredinol. Enoch, erbyn hyn yn chwech oed, ac yn dangos cryn addewid fel ysgolhaig, yn ôl ei dad, beth bynnag, a Thomas, y pryderai iddo briodi yn annoeth, ac nid oedd flewyn ar ei dafod wrth draethu ei farn ar y wraig ifanc. Cynghorai'r plant yn ddi-feth ac yn biwritanaidd iawn, ac y mae tinc yr hiraeth yn fynych, fynych:

> ... Wel Rachel yr oedd yn dda genyf glywed am yr ardd ... fe garwn gael myned tia 5 bob borai ir ardd ... ond yr wyf yn rhy bell, yr wyf yn yr ardd yn aml iawn o rhan fi yspryd, ond yr hen gorph ymisc y rhêw ...
> ... gobeithio hefyd di fod wedi cael yr arian yn saff obosib mae dyma y llythyr diweddaf am fis neu 5 wythnos nes af i fewn i Nome ...

O lythyr ar 7 Medi:

> ... Anwyl Blant.
> Derbynies 3 o lythyron oddi wrthych dydd Gwener diweddaf ... yr oeddwn yn ofni fod rhyw beth allan o le, yr oeddwn wedi bod yn breiddwydio am gartref yn rhyfedd ychydig nosweithiau cyn i mi gael y llythiron, ond duolch ir Nefoedd, pan ddaethan newyddion da oedd ynddynt i mi ...
> ... ac hefyd di fod wedi derbyn yr arian ... byddwch yn garedig wrth bawb, dyna amcan mawr yr Iesu i ddyfod i byd ... yr wyf yn credi na chaf fi ddim diodde eisie yn y byd yma, am fi mod yn garedig wrth bawb, gobeithio y byddwch chithau yr un modd ... yr wyf yn gwybod fi mod wedi colli llawer wrth fod yn garedig, ond gwn yr un pryd fi mod wedi enill mwy sef mwynhad mewnol ...

Yn ddiamau, gall ymddangos i ni heddiw ei bod yn ymylu bron ar ragrith i ŵr a honnai'r fath gonsern am ei aelwyd a'i deulu ddewis ei wahanu ei hunan oddi wrthynt am gyhyd o amser, gan adael magwraeth ei blant, yn y lle cyntaf ar ysgwyddau ei wraig, ac yn ddiweddarach yn nwylo croten ddeunaw oed. A hynny o achos rhyw chwant afiach am ddod yn berchen ar ffortiwn. Ond, y mae'n weddol siŵr, pe dôi i ben â chael gafael ar ffortiwn o'r fath, mai'r teulu fyddai'r cyntaf i elwa arni. Cafwyd eisoes ddigon o brawf ei fod yn gwybod yn iawn ble'r oedd eiddo Cesar yn gorffen, ac eiddo Duw yn dechrau.

Dylid cadw mewn cof hefyd, nad oedd ymwahanu â'r teulu am gyfnodau hir yn beth hollol anghyffredin. Wedi'r cyfan, fe allai fod wedi bod yn forwr. Ac yr oedd yn beth hollol dderbyniol, yn enwedig yn siroedd Aberteifi a'r de-orllewin, i ŵr ennill ei fywoliaeth ym mhyllau glo y De, heb ddod adre ond ryw unwaith y mis efallai, gan adael gofal y lle bach i'w wraig a'i deulu, ac i'r cymdogion. Gwnaethai ef ei hunan yr union beth hwnnw yn ystod blynyddoedd cyntaf ei briodas pan weithiai yn y pwll yn Aberpennar. Roedd safonau cymdeithas yn wahanol yr adeg honno, yn ogystal â rhai'r unigolyn ynddi.

Ac onid oedd yn beth hollol anrhydeddus iddo wynebu holl boen a pheryglon Alaska er mwyn dileu stigma'r dyledwr arno'i hun? Ac eto, gadawai ei anwyliaid i wynebu'r stigma honno. Anfonai arian iddynt, mae'n wir, hyd eithaf ei enillion, a phwy ohonom all ddweud iddo wneud mwy na hynny?

Yn ei lythyron yr haf hwnnw, haf 1902, ni fanylai John Davies ryw lawer am ei lwyddiant ym myd yr aur, ond gellir casglu fod pethau yn go dynn arno o'r mynych addewidion am anfon arian, a'r cyfeiriadau dipyn llai mynych i Rachel eu derbyn—ac y mae hynny'n synnu dyn braidd, o gofio'r holl gau bach yr haf cynt, allan ar Lulu a Left Fork. Ar y 15 Medi ysgrifennodd:

> . . . yr wyf yn gwybod bron yn sicr mae dyma y cyfle diweddaf nes yr af i fewn i Nome fi hunan. Nawr Rachel mae yn bosib y bydd yn rhy ddiweddar arnaf i allu anfon arian allan . . . os bydd eisie gofyn i Anne am fendig ychydig bunoedd i dowli hyd y spring . . . gobeithio eich bod chithau oll yn iach a bod John bach Tynewydd [ei ŵyr cyntaf, mab Anne a thad y ditectif] wedi gwella erbyn hyn, y mae ef yn rhi dêw o lawer . . . a gobeithio na wneyth John a Evan ddim dechrau ar y tobacco, dwed wrthynt fi mod yn dweyd wrthynt am beidio, a phan y deiaf gartref nesaf fe fyddaf yn aros gartref . . .

A'r haf yn dirwyn i ben, a gaeaf cynnar Alaska'n ei fygwth, ofnai ym mhob llythyr mai hwnnw fyddai'r olaf cyn i'r rhew gloi ffyrdd y môr am wyth mis arall:

    Sept 23th 1902   c/o Beau Mercantile Co.
    (Cofiwch fod yn blant da)   Nome City
    Anwil Blant   Alaska.

            Dyma fi unwaith eto yn cael cyfle i anfon gair yn rhagor . . . ac yr wyf yn anfon hadau blodau yn hwn . . . mae yn dda genyf alli dweid heddyw eto yr wyf yn eithaf iach a duolch i Dduw am hyny . . . Wel Rachel dim ond llythyr byr heddyw fe anfonaf un eto wedi cyraedd Nome ac arian ynddo os nad aiff hi yn rhi ddiweddar arnaf, ond yr wyf yn meddwl na fyddaf ddim yn hir cyn myned, y mae yn rhewi yn enbyd yma . . .

           . . . y nos yn awr, o ie cofia ysgrifeni yn fynych drwy y gauaf efallai na chaf hwy cyn y spring, ond efallai yr af allan i Spokane i auafu os gallaf gael llong . . .

XIV

Mae un cyfnod arbennig yn hanes John Davies yn Alaska sy'n para yn ddirgelwch. Prin yw'r cofnodion dyddiadurol sy'n cyfeirio ato, ac y mae rhai cyfeiriadau sy'n gwrthbrofi'i gilydd. Ac eto roedd yn allweddol i'w holl hanes yno, yn drobwynt a'i cadwodd yng ngwlad yr iâ yn hwy nag y bwriadodd. Mae peth o'r stori yn ddigon amlwg, ond mae llawer 'pam' a 'sut' na ellir ond damcaniaethu yn eu cylch.

Mewn llythyr at Rachel, nad yw'n gyfan, ysywaeth, ac nas gellir o'r herwydd ei ddyddio yn fanwl gywir, ond y gellir, wrth ei gynnwys, fod yn weddol siŵr iddo gael ei sgrifennu tua chanol 1902, dywed hyn:

> ... Yr oedd Dick a minau wedi llwydd i gael arian yn o lew, ac yr oeddem wedi Infesto $1500 rhyngom mewn gwaith yma, a hyn tia mis cyn i mi ddyfod gartref gyntaf, yr hâf dyweddaf yr oedd pethau yn edrych yn ffafriol iawn, ond erbyn i mi ddyfod i mewn y spring hwn, yr oedd pethau yn dra gwahanol, yr oedd y trysorydd a'r maneger wedi myned i ffwrdd nad oes neb yn gwybod i ba le, ac wedi gwerthu yr eiddo oll, ac yr wyf heb ddim heddyw ...
> ... Yr wyf wedi colli dros £1500 o arian sychon, pa rhai yr oeddwn wedi llafurio yn galed amdanynt ...

Fel y gellir tybio, aeth y newydd fel tân drwy ardal Gwernllwyn a Horeb (ac ymhellach, siŵr o fod). Colli pymtheg cant o bunnau, colli ffortiwn! Rhai'n cydymdeimlo, wrth gwrs. Eraill yn falch o gael cyfle i ddweud—'Beth ddwedes i wrthoch chi? Rown i'n gwbod na ddôi dim lles o fynd allan ffor' 'na.' Ymhlith y rhai cyntaf yr oedd ei weinidog, y Parch. David Jones. Anfonodd lythyr at John Davies yn cydymdeimlo ag ef:

> ... Yr oeddwn wedi cael si am eich colled ... Ond frawd mae yna ddau beth ynghlyn ar fusiness gallwch gael peth cysur oddi wrthynt. Un peth arian oeddynt. Mae yn wir fod yn rhaid i ni wrth arian tra yma, ond mae gan ddyn rywbeth gwerthfawrocach nac arian y gall ei golli, peth arall arian gasglwyd oeddent tan amgylchiadau nad oes dim ond un yn Sir Aberteifi ar hyn o bryd yn meddu ar ddigon o wroldeb i wneyd y fath

ymgais. Bydd yn rhyw beth, ac yn llawer i allu dywedyd i chwi fod yn Alaska a chasglu £1500 . . .

. . . Mae yn gryn dipyn o brofedigaeth i fi ambell i dro glywed ambell i frawd yn dywedyd y dylasech fod yn ofalus a dim digon or anturiaeth yn ei natur i groesi Afon Teifi a'i galon yn rhy isel i gysgu *un* noson ogartref. Mae yr attempt yn ogoneddus frawd a phe buasech yn colli 15 can eto, ni fyddwn i ddim yn llai edmygwr ohonoch . . .

Dyna farn gweinidog yr Efengyl am gymeriad John Davies wedi ei mynegi yn go bendant. Sylwer, hefyd, yn ei lythyr at Rachel, mai pymtheg cant o ddoleri a ddywed John Davies y tro cyntaf, a phymtheg cant o bunnoedd yr eilwaith. Ym mhob cyfeiriad arall (ac y mae amryw, mewn llythyron ganddo at wahanol gyfeillion iddo) £1500 yw'r ffigwr. Mae'n fwy na thebyg, wedi pum mlynedd yng ngwlad y ddoler, i John Davies wneud llithriad yn ei ysgrifennu, ac ysgrifennu $ yn lle £ y tro cyntaf.

Hynyna am y swm. Ond ym mhle y'i buddsoddwyd? Nid oes sôn mewn dyddiadur na mantolen. Nid enwir cwmni na ellir olrhain ei hanes yn glir, ac yr oedd yn amlwg yn go fanwl yn ei gyfrifon. Pan welir cyfrif am 50 sent am edau a 25 sent am stamp mae'n taro dyn yn rhyfedd nad oes sôn am swm fel £1500, nac enwau'r sawl a'i derbyniodd.

Sut nad oes sôn amdano yn gwneud unrhyw ymgais i ddarganfod i ble'r aeth y ddau a'i twyllodd? Pam nad enwir hwynt? A chadwer mewn cof nad un i chwarae ag ef oedd John Davies pan ddôi yn fater o gyfreitha.

Nawr fe all fod yn gyd-ddigwyddiad pur, ond ymhlith ei bapurau mae'r llythyr hwn o Rwsia:

Annwyl Syr (tra pharchus Syr)
Cafwyd eich cyfeiriad gwerthfawr drwy eirda. Cymeraf y cyfle i ofyn i chwi a fuasech yn dueddol i ymuno â mi mewn cyswllt masnachol tra enillfawr. Ar gais Gweithredydd Mwyngloddiau arbennig o Siberia yr wyf yn ymdrechu i ddarganfod gŵr mewn gwlad dramor a chanddo Gyfalaf a fyddai'n ymuno yn y fasnach o dderbyn (prynu) y Cynnyrch crai yn barhaol gan fy Mhennaeth. Hyn yw fy rheswm dros eich annerch, ac os dymunwch ymddiddori eich hun yn y fenter hon, bydd yn dda gennyf, o dderbyn sicrhad o'ch llwyr ymddiriedaeth (cyfrin-

Sehr geehrter Herr!

Ihre P. Adresse einer Empfehlung verdankend, erlaube ich mir mit Gegenwärtigem die höfliche Anfrage, ob Sie geneigt wären, wegen eines überaus lukrativen Unternehmens mit mir in Geschäftsverbindung zu treten.

Im Auftrage eines sibirischen Großindustriellen bin ich bemüht, im Auslande einen kapitalkräftigen Geschäftsmann ausfindig zu machen, der bereit sein würde in Zukunft beständiger Abnehmer für ein von meinem Committenten zu lieferndes Rohproduct zu sein.

Ich werde mich infolgedessen an Sie und sollten Sie sich für dieses Unternehmen interessiren, so wäre ich gerne bereit, Ihnen gegen Zusicherung Ihrer absoluten Discretion weitere Auskünfte zu ertheilen.

Ihren angenehmen Nachrichten sehe für diesesmal unter unten angegebener Adresse entgegen und zeichne

hochachtungsvoll
P. Kirsdewitz

poste restante
M. M. 150
Wilna, Russia

achedd) roi i chwi fanylion pellach, gan ddisgwyl eich ateb gwerthfawr, arwyddaf dan y cyfeiriad canlynol am y tro:

Yn barchus

Poste Restante
M.M. 150
Wilna Russia

P. Rinsdrewitz

Ni wyddys a atebodd John Davies y llythyr hwn ai peidio, ond ymddengys yn debyg iddo wneud, achos ymhlith ei bapurau yn ogystal, cafwyd y darn llythyr hwn, sydd yn amlwg yn yr un llawysgrifen â'r cyntaf:

Y mae'r mater yn ymwneud â deunydd crai (Aur). Yn Rwsia, ni chaniateir masnachu mewn cynnyrch crai gan fod ei farchnata yn fonopoli (y wladwriaeth) a disgwylir i berchnogion mwyngloddiau Rwsieg drosglwyddo i'r Llywodraeth Rwsieg eu holl gynnyrch am brisiau cymharol isel.

Mae'r gofynion hyn yn cymell y diwydiannwyr Rwsieg i osgoi rheolaeth wladwriaethol drwy sefydlu adran yn y cynnyrch hwn y gellir wedyn ei werthu am well prisiau, i brynwyr dibynadwy.

Mae fy nghysylltydd mewn ffordd i gynhyrchu 150 Kg yn flynyddol fel adran yn ei olchfa. Y mae arno angen prynwr parhaol, cyfrinachol, ac ariannol ddiogel ar gyfer y cynyrch hwn.

Cyflwynir y cynnyrch ar diriogaeth Rwsiaidd yn unig, a byddai felly yn ofynnol i'r prynwr wneud nifer o ymweliadau â threfi ar ffiniau Rwsia i dderbyn y cyfanswm a fo ar gael.

Cyflenwir y cynnyrch yn ei ffurf amrwd, wedi ei olchi'n drwyadl, gyda sicrwydd purdeb o 93%.

Fe dâl Banc Lloegr am y cynnyrch ar sail $\frac{1000}{1000}$% £137 y Kg. Dylai fod yn bosibl cael pris gwerthu o £127 y Kg am yr ansawdd a gynigir.

Oherwydd yr amgylchiadau presennol, fodd bynnag, cynigir y cynnyrch am £84 y Kg ynghyd a £4 o gomisiwn i mi.

Rhaid talu am y cynnyrch mewn arian yn union wedi sicrhau ei ansawdd. Ni chaniateir credyd. Nid oes dim ar goel, nis gofynnir ac nis cynigir.

I sicrhau ansawdd y cynnyrch, gellir galw ar arbenigwr.

Mae'r fenter yn gyfan gwbl heb berygl, mae cwbwl gyfrinachedd yn holl bwysig.

Ni ellir marchnata'r cynnyrch ond fel cynnyrch tramor, a rhaid cadw ei darddell Rwsiaidd yn gyfrinach. Y mae 77 Kg ar gael ar y pryd.

Byddai unrhyw un a dderbyniai'r cynnig hwn yn sefyll i wneud pedair punt ar bymtheg ar hugain o elw y kilo ar y 'cynnyrch'. Dyna rywbeth dros bum doler yr owns—dim ond am ei drafod, pan na châi mwynwr ond doler yr owns am ei labyddio ei hun yn ei gael o'r ddaear! Does ryfedd iddi gael ei disgrifio fel 'menter dra enillfawr'. Onid oedd John D. Davies yn gwbwl ddibynadwy, yn gyfrinachol, a gair da iddo fel crefyddwr ble bynnag yr âi?

Ai yn y fenter hon y buddsoddodd ei £1500? Cofier nad yw Rwsia ond prin gan milltir o Alaska yn groes i Gulfor Bering, ac yntau bellach yn deithiwr profiadol, mewn sefyllfa ddelfrydol i drafaelu'n ôl a blaen.

Onid yw'n arwyddocaol mai mewn punnoedd ac nid mewn doleri y soniai am yr arian a gollodd? Ac onid mewn punnoedd ac nid mewn doleri y cafodd y cynnig o Wilna? Ac oni fyddai'r angen am gyfrinachedd yn esboniad credadwy am ddistawrwydd ei ddyddiaduron ynglŷn â'r mater?

Pam na cheisiodd ddarganfod i ble'r aeth y ddau a ddygodd ei arian? Ai am y gwyddai yn iawn am eu cysylltiadau Rwsiaidd, ac na fedrai eu herlid yno?

Yr oedd hefyd yn gred ymhlith y teulu (ac y mae'n rhaid mai ef ei hun a roes gychwyn i'r gred honno) ei fod, pan fyddai'n dod adref am y tro olaf, yn bwriadu dod adref trwy Rwsia. Cael llong i Vladivostock, ac yna ar y Trans Siberian Railway yr holl ffordd i Moscow, oddi yno i Archangel, a wedyn dros Fôr y Gogledd adref. A wyddai gyfeiriad y ddau (os oedd dau) ddihiryn, a bwriadu rhoi un cynnig arall ar gael ei eiddo yn ôl, cyn gorffen trafaelu am byth? Ynteu ai'r gwir syml yw iddo ef, fel miloedd o rai tebyg iddo, gael ei flingo gan rai o'r siarcs a'r twyllwyr yr oedd Nome yn llawn ohonynt yr adeg hon?

Beth bynnag yw'r ateb cywir i'r cwestiynau hyn, ymddengys fod yr ysfa am 'aur y byd', am ffortiwn fawr, unwaith eto wedi bod yn drech na'r 'galon lân'. Fe fu'r peth bron â bod yn ddigon i dorri'i galon yn llwyr. Ac yr oedd yr effaith a gawsai ar y plant adref yn Horeb yn loes calon iddo:

> ... Rachel, yr oedd yn ddrwg iawn genyf glywed ... eich bod yn goddef dim, yr wyf yn dweid un waith eto fe ofalaf anfon arian yn y spring, yr wyf wedi goddef tipin yr hâf dyweddaf fi hun, rhwng

gofid am fi mod wedi colli fi holl arian, ac heb ddim yn fi moced, fe anfones y Dolar dyweddaf oedd yn fi moced i ti pan hales y £25, ond erbyn hyn y mae genyf arian yn o lew . . .

Yn raddol bach daethai tipyn o'r hen wytnwch a'r penderfyniad yn ei ôl:

> . . . treio ein gorai i gael ychydig o'r llwch melyn. Gobeithio y byddaf yn llwyddianus i fesur beth benag, nid ydwyf wedi rhoddi i fyny yn lân eto na wnaf ychydig arian yn y wlad hon os caf fywyd, ac iechid, yr wyf yn teimlo yn fwy penderfynol y misoedd diweddaf yma nac oll, yr wyf rhyw fodd yn teimlo y dylaswn gael ychydig ganoedd gwedi i mi lafurio mor galed i gael gafael yn yr arian a golles, ac yr wyf wedi ail benderfyny y misoedd diweddaf yma, yr oeddwn wedi rhoddi i fyny yr yspryd yn lân er pan golles y cyfan, ond yr wyf yn teimlo yn well o lawer erbyn hyn a pnenderfyny dechrai byd o newydd, ac efallai gyda phenderfyniad cryf, di-ildio a cymorth y Nef pwy a wyr na byddaf eto, ac os methu wnaf, methu mewn ymdrech wnaf . . .

Byddai yn dda gan y Parch. David Jones, a phregethwyr eraill, mae'n siŵr, ddeall nad yw pob hedyn a heuant yn syrthio ymysg y drain.

XV

Nid aeth John Davies allan i Spokane y gaeaf hwnnw, ac yr oedd rheswm da (ar wahân i'r rhew) pam. Daliai i sgrifennu ac anfon llythyron yn y gobaith y byddai iddynt gyrraedd adref rywbryd, ac ar 3 Rhagfyr dyma lythyr tyngedfennol arall o'i law, ar bapur swyddogol y Beau Mercantile Co erbyn hyn:

Anwyl blant

Gair atoch unwaith eto, yr wyf yn hollol iach, gobeithio eich bod chwithau oll yr un fath, Wel Rachel peidiwch gofidio dim am danaf fi yr wyf yn *all right* ac yr wyf yn meddwl y gallaf standio y gauaf hwn yn *all right*, a duolch ir Brenin Mawr am hyny, Wel yr wyf yn Nome er dydd Sul diweddaf, yr wyf yn treilio y gauaf hwn allan ar y mynyddoedd ond yr oedd genyf *Law Suit* ar law er dechrau yr hâf diweddaf, ddoe tia 4 or gloch fe orphenodd y treial ac fe garies y *Case* mi roddaf beth or hanes i ti yn y fan hon, yr oeddwn wedi colli rhyw gymeint dros £1500 fel ac y dywedes or blaen, ond nid oedd hyny yn ddigon, fel ac y gwyddost yr oedd genyf shares yn Los Angeles & Cape Nome Mining Company, ac yr oedd Dick a Walice a minau yn gweithio ir Company rhâf blwyddyn ir hâf diweddaf, a cyn i mi ddyfod gartref tro diweddaf nid oedd y Company mewn ffordd in talu ni, wel nid oedd dim cymeint o wahaniaeth, ond erbyn yr hâf diweddaf yr oeddynt yn ei gwadu ac yn dweid nad oedd dim arnynt i ni ein tri, yr oedd Dick wedi rhoddi Power of Attourney i mi i ofali am ei eiddo ef yma, oblegid ei fod ef allan yn y States, ac fe drodd Walice ei account yntau i mi felly fe startes Law Suit yn erbyn y Company, ac fe gefeis difarniad y Cwrt om plaid am bob dimai, gydag intrest ar cost, ti weli ei bod yn dywill iawn arnaf yr hâf diweddaf, ond erbyn hyn y mae yn dechrai gwawrio. Pan ddaw y spring fe fydd y Court yn gwerthu eiddo y Company os na thalant mewn cash cyn hyny ... y mae genyf ragolygon da erbyn yr hâf nesaf os byddaf byw ac iach ...

Pan oedd John Davies adref yr haf cynt, roedd cynlluniau ar droed i adeiladu capel newydd yng Ngwernllwyn, ac yn ôl yr arfer, trefnwyd casglyddion, a'r gweinidog yn un ohonynt, i fynd o gylch yr aelodau i dderbyn eu haddewidion at glirio'r gost. Addawodd John Davies ddeg punt ar hugain. Cyfeirir at y casglu hwn mewn llythyr y dyfynnwyd ohono yn gynharach, oddi wrth y Parch. David Jones at John Davies. Yn gymysg â newyddion am yr ardal, hefyd, ceir disgrifiad arbennig iawn o un o'r aelodau a oedd yn wael ar y pryd, ac efallai fod y darn hwnnw yn mynd beth o'r ffordd i esbonio edmygedd y gweinidog o un o'i braidd a aeth i Alaska:

> ... Mae John Thomas Penhill yn o wyllt eisiau gwraig ... mae yr hen frawd wedi bod yno rhyw dair gwaith ebe efe ei hun, ac yn hoffi son am fusiness y caru. Mae rheswm o garu a phriodi feddyliwn i ...
>
> J. Rees Pengallt ddim yn dda, yr wyf braidd yn ofni y gwaethaf ...
>
> Yr wyf yn teimlo mwy wrth feddwl am ymadael a hen Bengallt nar un, Pengallt yw efe ac ni chawn neb yr un fath ag ef. Rhy fach o bobl unigol sydd yn y byd ... ar ol gweled a chyfarfod ag un byddus wedi gweled a chyfarfod a thorf, ond byddai yn rhaid gweled a chyfarfod a Bengallt ei hunan. Ni wnai y tro i weled ei frawd Rice pan oedd fyw gan feddwl cael esboniad ac eglurhad ar John yn Rice ... ond mae gobaith cael ei gwrdd eto ar ol hyn, yn mhlith y dyrfa fawr, ond er mor lluosoced fydd hi, mae arnaf chwant prophwydo y mynyd yma mai un John Bengallt fydd yno, ac mi greda mai mistake fyddai newid dim ar Bengallt. Tlodi y Nefoedd newid natur ...
>
> Mae y capel newydd yn dod yn mlaen yn ragorol. Wyf allan yn casglu yn awr bob wythnos ... yr oeddwn yn meddwl y buasai Mrs Evans Llandyssul yn estyn £50 i fi, ond £10 yr wyf wedi gael ond hwyrach y caf dipyn eto ganddi ...

Anfonodd eto ymhen deng niwrnod, a thipyn mwy o'i hanes ei hun y tro hwn:

Dec 14th 1902   c/o Beau Mercantile Co
                                               Nome City
                                               Alaska.

Anwyl blant,
       Gair oddi wrth eich tad un waith eto, nis gwn pa bryd y daw hwn ich llaw ... chwi gewch ar ddeall fi mod ar dir y byw, ac hefyd mewn iechid rhagorol, a duolch i Dduw am hyny, yr wyf yn cael dugon yw fwyta, a dugon i wysgo am danaf, ond y mae yn oer iawn yn y wlad hon yn neilltiol felly am rhyw 7 nei 8 mis yn y flwyddyn, yr wyf fi ac un arall gyda mi ... allan ar y mynyddau nid rhyw bell iawn o Nome, yr ydym yn tori twll lawr ir ddaear, yr ydym i llawr heddyw 35 troedfedd nis gwn pa mor ddwfn fydd yn rhaid i ni fyned cyn taro ar i red rock, tebyg rhyw 100 troedfedd, ac o bosibl y cwbl yn ofer, ond y mae yn rhaid treio, nis gallaf wneyd dim arall tymor y gauaf, gobeithio Rachel di fod wedi cael yr arian oddi wrth Dick, yr wyf wedi

dweid wrtho am anfon £10 i ti, a phan ddaw y spring y llong gyntaf ddaw i fewn, mi ofallaf anfon arian gyda hi i ti . . . y mae y llythyron yn dyfod allan dros y rhew, ac felly yn dyfod i fewn, ond fe gymer amser mawr, mae tia 2300 o filltiroedd cyn cael dwr agored . . .

Syt y mae Gwernllwyn yn dyfod yn y blaen, fe garwn fod yn yr agoriad, a chaniatau y byddaf byw . . . gobeithio y byddaf yn alluog yr hâf nesaf i anfon rhyw gymeint o arian i ti i roddi at Gwernllwyn . . . fe garwn roddi yr hyn yr wyf yn myned i roddi cyn yr agoriad, a gobeithio y caf ei weled y gauaf nesaf . . .

Yr oedd yn 3 Chwefror 1903 pan dderbyniodd lythyr a anfonwyd gan y plant y Tachwedd cynt, a bodlonodd ar newyddion teuluol yn unig yn ei ateb:

Capel Gwernllwyn

. Adroddiad .
Eglwys y Gwernllwyn,
AM Y FLWYDDYN 1903.

. Rhestr o'r Cyfraniadau. .

Enwau yr Aelodau.	At y Weinidogaeth.	At y Capel.
	£ s. c.	£ s. c.
Cuff, Anne, Maesllyn	0 7 6	1 3 6
Cullimore, Amelia, Dolfelin	0 1 0	
Davies, John, Maesyflin		30 0 0
,, Anne, Peullwybr	0 7 6	
,. John, eto	0 7 6	7 16 0
,, Elias, eto	0 7 6	
,, James, Tygwyn		
,, Anne, eto		
,, James, (ieu.), eto	0 4 0	
,, Margaret, eto	0 2 0	
,, David, Cnwc	0 4 0	1 0 0
,, Anne, eto	0 4 0	
,, Thomas, Maesgwyn	0 2 6	
,, Ruth, eto	0 2 6	
,, Ben, Milestone	0 5 0	2 3 6
,, Rachel, eto	0 5 0	
,, Sarah, Penrhiwllan shop	1 0 0	11 0 0
,, Ruth, Milestone	0 4 0	0 11 0
,, Mary, Nantgaran	0 8 0	3 12 0
,, Mary, Pentre Rhydowen (y)	0 2 0	2 0 0
,, Elizabeth, Llysnewydd (y)		1 0 0
,, Mary, Ddol (y)		
,, Anne, eto (y)		
Evans, Evan, Brynteg	0 3 0	4 0 0
,, Leah, eto	0 2 0	
,, Hettie, Awelfa	0 12 0	8 10 0
,, David, Pleasant view	0 12 0	10 12 6
,, Rachel, eto	0 12 0	
,, Anne, Maesllyn	0 5 9	1 15 6
,, Hannah, Cwerchyr villa (y)	0 0 6	
,, Margaret, eto (y)		
Emanuel, Hannah, Trebedw	0 4 0	1 0 0
Griffiths, Anne, Llanfair	0 6 0	3 10 0

... yr wyf yn cael iechid rhagorol yn neilltiol felly pan yn meddwl fi mod yn myned ymlaen mewn dyddiau, ac wedi gweled llawer o galedi eithriadol, ond wedi y cyfan mi allaf ddweid ing eiriau yr hen Jacob—hyd yma y cynhaliodd yr Arglwydd myfi ... yr oeddet yn dweid yn di lythyr i fod mamgu yn aros gyda chwi ... Cofia Rachel am fod yn dyner wrth yr hên wraig, gwn ei bod yn ddigon i hala y gwr-drwg allan oi gôf, cofia ei bod yn hên ac wedi magu mam anwyl i chwi ac un or gwragedd gorau i minau ... os byddaf byw i weled dyfod gartref eto fe wnaf fi ngorai i wneid yr hên wraig yn gysurus, er mae gwaethaf ei thafod welais i erioed ...

... Evan gwr Anne wedi myned i Mountain Ash ... mae arnaf ofn weled Thomas yn myned ... ofn y bydd iddo anghofio ei wraig a myned i yfed eto ... ond efallai ei fod wedi dyfod ato ei hun erbyn hyn gobeithio ei fod ... gobeithio eich bod yn cael digon o fwyd mi anfonaf arian i chwi fel y galloch gael dyllad newydd yn yr hâf yr wyf yn gofidio llawer am danoch ...

Pryd bynnag y dôi'r cyfle i'w anfon allan, sgrifennai lythyr, hyd yn oed pe bai wedi anfon un y diwrnod cynt. A'r newyddion gorau y medrai ei gael oddi wrth ei deulu oedd eu bod yn blant da, ac yr oedd cwpan ei lawenydd yn llawn pe digwyddai glywed yr un peth gan rywrai eraill o'r hen ardal. Ond gan iddo ef anfon cymaint o lythyron, yn y gobaith y byddai rhai, beth bynnag, yn cyrraedd pen eu taith, a'r bwlch yn yr amser cyn y cyrhaeddai ateb o Faesyffin, mae dau neu dri llythyr, weithiau, yn cyfeirio at yr un pethau. Fel enghraifft, y mae o leiaf dri sy'n cyfeirio at swm o gan doler y bu'n rhaid iddo ei anfon drwy law ei gyfaill Dick o America, a dau arall yn sôn am swm o ddecpunt. Mae mwy nag un hefyd yn atgoffa Rachel am dalu'n ôl rai symiau yr oedd wedi eu benthyg tra oedd gartref:

... Cofia dalu Tim Saer, a rho rhyw 2/6 iddo am ei mendig, fe fydd Tim yn edrych llawer ar hyny, ni fyddaf i fawr gwaeth ...

ac mewn llythyr arall rywbeth yn debyg:

... Yr oeddwn yn meddwl y gallwn gael Post Office order i anfon, ond fe fethes ac felly yr wyf wedi anfon $125 i D. W. Jones, Wales, Red Oak i hanfon i ti ... fe fyddant rhywbeth yn fwy na £25, cofia dalu Thomas [Y Siop] ... o ie wedi i ti dalu Tomi Shop, cofia ofyn am y note roddes iddo sef I.O.U. am £15 ...

> THE
> FARMERS' NATIONAL BANK
> CAPITAL - $60,000.
>
> M. CHANDLER, PRESIDENT
> GEO. C. BOILEAU, VICE-PRESIDENT
> O. J. GIBSON, CASHIER
>
> DIRECTORS
>
> RED OAK, IOWA.
>
> Miss Rachel Davies
>
> Derbyniais arian oddiwrth eich tad o Alaska i'w hanfon i chwi ond nad oes cyfleustra allan yn i'w hanfon, a gwnewch chwi gyn ato pan dderbyniwch hwy, a hefyd rhowch wybod i minau er mwyn i mi wybod eich bod wedi i cael, fy address yw
>
> D. W. Jones
> Henderson Iowa
> U. S. America
>
> Amount y check yw £25. 11. 3 —

Mae'n hawdd dychmygu picil Rachel, gyda thyaid o blant a'u tad ymhell bell i ffwrdd, a hithau fawr mwy na phlentyn ei hunan, yn ceisio ymgodymu â holl broblemau cael dau ben llinyn ynghyd. Ac mae'n siŵr fod gofid yn gwlychu dalennau ei llythyron yn aml. Ac nid oedd ei thad yn fyr o sylweddoli hynny na gwerthfawrogi ei chymorth hi iddo. Er yr ymddangosai braidd yn galed ar y lleill weithiau:

> ... yr unig un o'r plant yr wyf fi wedi fagu sydd wedi gwneid dim daioni i mi ydwyt ti ... efallai y deiaf eto i allu talu i ti am di wasanaeth i mi ... felly defnyddia di gyflogau y plant at di wasanaeth ... yr oeddet yn dweid fod arian rhyfedd yn myned, gwir yr wyf yn gwybod ei fod lle mae lôt o blant ... gobeithio di fod wedi cael y ddai arian anfones i ti sef £8 o Seattle, ac hefyd £25 oddi yma ...

Ond ar yr un anadl bron mae'n cofio am ryw bethau y mae eisiau'u talu. Beth wneir o'r frawddeg gyntaf hon?:

> ... fe fuodd bron myned yn angof arnaf, yr oeddwn wedi caiad fi'n llythyr cyn i mi gofio, nid ydwyf wedi talu am fashin [gwnïo] Anna ... fe aeth yn angof arnaf ... mae amser talu yn mis Awst, gofyn i Anne, nei rhiw un am fendig £3-10 ... mi anfonaf arian gartref gynted ag y gallaf ...

Mae'n ddigon anodd gwastrodi plant a chadw rheolaeth arnynt pan fônt o fewn cyrraedd braich yn aml, heb sôn am geisio gwneud hynny drwy lythyr ar ben saith mil o filltiroedd, ac weithiau, ni fyddai pawb ohonynt yn ei blesio:

> ... yn siomedigaeth genyf glywed fod Jane wedi gwneyd ei chyflog, yn un peth, yr oeddwn wedi meddwl i Jane gael blwyddyn arall o ysgol, a mwy na hyny, mae arnaf ofn nad ydych yn hidio fawr beth a fyddaf fi am i chwi wneyd ... yr oeddwn yn anfoddlon iawn i glywed fod Evan yn trampio tia Troedrhiw-hwch, yr oeddwn wedi dweid digon ... am iddo beidio myned ar gered, am yr anlwc a gafodd yr oedd yn ddrwg iawn genyf, ond pe bae gartref fe allasai gael anlwc, ond yn enw pob synnwyr paham na wneith y crwt yr hyn ac wyf yn geisio ganddo, sef aros gartref ... byddaf yn sicr o gofio amdano os byddaf byw ... yr wyf yn gofidio am danynt, yr wyf mor bell oddi cartref, ei mham wedi tewi, ac felly nid oes arnynt ofn neb, y maent megys yn ben rhydd ...

Rhyw gyfuniad rhyfedd o'r tad tyner a'r awtocrat, o'r pen-teulu consernol a'r benthyciwr di-hid, y gwrthgiliwr anghyfrifol a'r awdurdod galed, yn ôl safonau ein hoes ni, beth bynnag. Daw'r ddeuoliaeth hon yn ei natur i'r amlwg dro ar ôl tro, yn enwedig pan draetha'i farn am rai o'i gyd-ardalwyr:

> ... yr oedd yn ddrwg genyf glywed am Thom Penffynon, y mae lot o blant heb ei magi ar ol, er nad oedd ef fawr gwerth, wedy y cyfan yr oedd yno gyda nhw ...

> ... Griffy Penpark, dim syndod yn y byd genyf glywed am Gitto, am y rheswm fi mod yn gwybod nad ydyw yn galed iawn, tia 9oz. yn y lbs felly, nid peth i ryfeddu ond peth i dostyrio wrtho ydyw dyn fel yna ...
> ... a dyna ddiwedd ar yr hen Sarah bellach fel un ac oedd yn treio hudo pawb a ddaethau yn agos ati hi ...
> ... rhyw fanc rhyfedd yw Bank Horeb er is blynyddoedd, drian a Phillips (y gweinidog) mae Bank Horeb wedi gofidio llawer arno drwy y blynyddoedd ...

ac eto, bron ar yr un anadl:

> ... Rachel yr wyf am i chwi fel Plant, y ti yn benaf, am mae ti sydd gyda mi gartref, os digwyddith rhyw beth i mi yn y wlad hon, fe garwn i chwi i ddodi fel y canlyn ar y gareg sydd yn Bwlchygroes, fel yma
>
> (HEFYD FI FARW J. D. DAVIES PRIOD YR HANNAH DAVIES UCHOD YN ALASKA Y DATE_____AR DATE_____FI OED)
>
> Yr wyf yn dymino arnoch fel plant i wneyd hyn a mi cofia nid oes dim allan o le arnaf, ac yr wyf yn credi y caf ddyfod gartref eto, ond y mae bywyd yn an sicr iawn, ac y mae y Peth yma yn fi meddwl er is rhai blynyddoedd ni chostia fawr i chwi Cadw y llythyr hwn, nei ysgrifena ychydig eiriau yma allan fel y byddont ar gael genyt ... gofala am bob peth gartref, am y fuwch fach, cofiwch rhoddi digon o ddwfr iddi gobeithio ei bod yn cael digon o borfa, hefyd am y geir, am yr ardd yw chadw yn lân, claw y cae hadel y plant i fyned drosto, uwchlaw pob peth gofali am y cyrddau ar Ysgol Sul ...

Ar 20 Mehefin, a'r haf eto wedi dod i ddatgloi ychydig ar efynnau yr iâ yn Alaska, roedd John Davies yn paratoi:

> i fyned allan i'r mynyddau borai fori, efallai na chaf gyfle i anfon yr un llythyr i chwi eto am amser maith, cofiwch beidio gofidio amdanaf ... yr wyf yn mynd i fan arall yr hâf hwn, ac mwy na thebig na chaf yr un cyfle ac oedd genyf llynedd ...

Ond ymhen deng niwrnod daliodd ar gyfle annisgwyl i anfon llythyr go faith i mewn i Nome:

>   c/o Beau Mctl Co
> June 29th 1903   Nome
> Anwil Blant,   Alaska
>   Dyma fi yn cael cyfle heddyw i anfon llythyr i fewn i

Nome, yr oeddwn yn dweid yn y llythyr dyweddaf fi mod yn cychwyn allan y dywyrnod hwnw am y creek, fe gyrhaeddes yn safe ac yr wyf yn anfon hwn heddyw or fan hon sêf or Creek tia 68 o filltiroedd o Nome . . . yr oeddem wedi dechrai gweithio llynedd cyn yr amser hwn ond eleni mae y cwbl yn gloedig gan iâ hyd yma . . . mae arnaf ofn i fod y lle yn fach i ti gael digon o dato, fe ddylet gofio rhoi 2 neu 3 llwyth o ddom tato yn cyflog John a Evan a thato yw gosod felly fe gawset lot o dato heb ddim trwbl . . . mi wnaf fi ngorai i anfon yr hyn ac wyf wedi addaw at Gwernllwyn môr fian ac sydd bosibl . . . fel y gelli ei rhoddi i Jones, nei Dafydd Llwyngwyn . . . y mae Dick heb ddyfod allan yma eto, fe ddaethom gyda'n gilydd hyd fan neilltiol ac nis gallasom fyned ymhellach . . . felly fe arosodd Dick yn y fan hono hyd nes y clyrith y rhêw . . . yr un fath ac arfer byddwch yn blant da, dwed wrth y plant bob un wrth ei enw am fod yn blentyn da . . .

Mae'n amlwg fod y cyfle i anfon llythyr o'r Creek yn dod yn amlach nag a ddychmygai, achos brin wythnos yn ddiweddarach dyma roi pin ar bapur eto, mewn rhyw babell ddigon oer a bregus, mae'n siŵr, allan yn yr anialwch rhewllyd gryn dipyn yn nes i Begwn y Gogledd nag yr oedd i Horeb:

```
                                          c/o Beau Mctl Co
July 6th 1903                                  Nome City
                                                 Alaska
```
Anwil Blant

Mi dderbynies 2 o lythiron oddi wrthych y dydd or blaen, un wedi ei ysgrifeni Mawrth 2, ar llall 28 o Fai, duolch am danynt, ac yr wyf yn anfon, nei yn hytrach yn ysgrifeni hwn heddyw oblegid yr wyf yn deall fod dai gyfaill i mi ar ei ffordd tiag attaf, felly mi gâf gyfle iw anfon i mewn nis gwn pa bryd, tebyg mewn 2 nei 3 dywirnod . . .

Dick a minau gyda'n gilydd ar ddai arall sef Walice a Mort mewn lle arall tia 130 o filldiroedd oddi yma . . . yn ddrwg iawn genyf na fiaswn wedi gallu hala rhagor o arian . . . ond coelia fi Rachel, mai methu yr oeddwn, yr wyf fi wedi gweled amser caled yma ers pan adewais i gartref, nid oedd genyf ddim arian ac y mae gofyn arian mawr i fyw yma heb son am agor, a gweithio y gwaith, a hyny yn hollol heb wybod os cawn i ddim ynddo wedy y cwbwl . . .

Ac Awst yn cerdded yn ei flaen, a gaeaf arswydus arall yn prysur nesu, prin ei bod yn syndod fod awgrym o sŵn dadrith i'w synhwyro yn graddol ddod i mewn i'w eiriau. Ond daliai i dynnu cysur o'r newyddion o'r hen ardal:

> Wel Rachel mae yn dda genyf alli dweyd fi mod wedi derbyn di lythyr, oblegid yr wyf yn gofidio bob amser ac y byddaf yn anfon arian rhag ofn yr ant i golli, ac yr oedd yn dda rhyfedd genyf gael ar ddeall di fod wedi cael y gwair i fewn ac yn neilldiol am eich bod fel plant bob un gartref gydai gylydd i rhoi help llaw iw gael i ddiddosrwydd, oblegid fe fyddai wedi Pydru o'm rhan i fi hun, ond dewch chwi fe ddaw amser gwell eto ar ol hyn.
>
>   Nawr Rachel mae yr hydref bron a dyfod, nid ydwyf yn gwybod yn iawn beth sydd orai i mi wneyd, pa un ai dyfod gartref, nei aros yma un gauaf eto, os deiaf gartre fe fydd yn rhaid i mi ddyfod yn fi ol yr hâf canlynol, nis gallaf orphen fi ngwaith yr haf hwn, ac fe aiff arian mawr arnaf i fynd a dod, rhywle tia £120, ac os arosaf i fewn fe safiaf yr arian hyny . . .
>
>   . . . yr hydref diweddaf fe fiasau yn dyn iawn arnaf i alli cyraedd gartref, ond drwy drugaredd y mae yn argoli bod yn well arnaf yr hydref hwn . . . cofia nid ydwyf yn dweid na fyddaf yn dyfod gartref, ond yr wyf heb benderfyny eto. Ac os na ddeiaf . . . cofia roi yn cyflog John a Evan rhyw bob o 3 llwyth o ddom tato, a tato yw dodi . . .
>
>   . . . yr oeddet yn dweid fod Bachgen data heb fod yn iach gobeithio nad oes dim niwed ar Enock . . . cofia anfon y gwir Rachel . . . yn ddrwg genyf glywed fod Annah fâch yn achwyn drwy yr haf hwn, ond rhywfodd yr wyf wedi cynefino a Annah, ond am Enock, y mae ef yn arfer bod mor iach . . .
>
>   . . . O fe garwn fod gartref heddyw, yr wyf wedi blino ar i wlad hon, nid oes yma ddim ond barbariaid . . .

c/o Beau Mctl Co
Nome City
Alaska

Sept 10th 1903

Anwyl Blant

   Gair atoch heddyw eto, yr wyf yn iach ac yr wyf yn Nome heddyw wedi gadael lle yr oeddwn drwy y tymor, ac ar fi nhaith at Walice a Mort . . . rhyw 80 o filldiroedd ir gogledd o Nome . . .

   . . . mi dderbynies lythyr oddi wrthych ddoe. Pan ar fi nhaith i Nome mi gyfarfyddes a dyn oedd yn myned allan lle yr oeddwn yn gweithio . . . felly fe gefeis fy llythiron yn ddamweiniol . . . Wel Rachel . . . nid ydwyf yn gwybod yn iawn beth wnaf yr hydref hwn, pa un ai dyfod gartref nei beidio, ond os dof fe fydd yn rhaid i mi ddyfod yn fi ol . . . ti gei wybod yn iawn o hyn i ben mis . . . ond mi ofalaf hala arian gartref os na ddôf fi hun, y mae y Boys ereill yn dyfod . . . mi anfonaf gyda hwy, fe allant hwy anfon o Seattle, os bydd Pob Peth wedi cai yma cyn y dof . . .

. . . o ie, os na ddof gartref fe anfonaf arian i ti gael talu Tom Troedyrhwch, yr un gân a'r gwcw, heddyw eto, byddwch yn blant da . . .

Yn y diwedd, penderfynu peidio â dod adref yr hydref hwnnw a wnaeth, neu yn wir efallai mai ei amgylchiadau a wnaeth y penderfyniad drosto. Roedd ganddo, yn ôl ei addefiad ei hun, y modd i wneud hynny, ond, ac yntau'n amlwg wedi rhoi ei fryd ar ddod adref am byth yn fuan iawn, roedd ganddo orchwylion i'w gwneud a threfniadau i'w cwblhau a gymerai iddo rai misoedd. Byddai'n rhaid iddo gasglu at ei gilydd ei eiddo mewn llawer man, o Red Oak i Nome. Yn y cyfamser roedd gaeaf arall wrth y drws, a'r 'un gân â'r gwcw' oedd hi yn y cyfeiriad hwnnw hefyd, y môr ar fin ei gau am wyth mis arall.

Ond mae'n amlwg fod amgylchiadau cyswllt, y post ac yn y blaen, wedi gwella cryn dipyn yn Alaska yn ystod y ddwy flynedd ddiweddaf y bu yno. Y Mail yn mynd allan bob pythefnos, er enghraifft, hyd yn oed yn y gaeaf. Mae'n wir fod ganddo dros ddwy fil o filltiroedd i'w trafaelu cyn cyrraedd dŵr agored, ac fe gymerai llythyron wythnosau lawer i gyrraedd pen eu taith, ond wythnosau oedd hynny, nid misoedd. Fe gyrhaeddent rywbryd. Ddwy a thair blynedd cyn hynny, nid oedd unrhyw sicrwydd y byddai iddynt gyrraedd o gwbwl. Mae'n berffaith siŵr, o'r holl lythyron a anfonodd John Davies o Alaska, fod eu hanner wedi mynd ar goll ac na welwyd byth mohonynt. Y rhyfeddod yw nad aeth llawer o'r arian a anfonai adref yr un ffordd. Efallai nad yw symiau fel decpunt a phumpunt ar hugain yn swnio'n llawer yn ein hoes ni, ond yr oeddynt yn werth gymaint ganwaith, siŵr o fod, yr adeg honno.

XVI

Drwy'r gaeaf olaf hwnnw, llythyrodd John Davies fwy nag erioed, i leddfu ei hiraeth a dofi ei awydd am ddod adref am byth, mae'n siŵr. Mae o leiaf bedwar darn o lythyr, a'r rheini'n rhai go faith, a sgrifennodd yn y misoedd hynny, ar glawr. Newyddion cymdeithasol a theuluol, barn ar gyfoedion a chydnabod—unrhyw beth a ddôi â Horeb yn nes at Alaska.

Pan glywodd am farw John Pengallt, talodd iddo deyrnged cystal ag eiddo'i weinidog:

> . . . mae ef wedi tewi, ond gobeithio y bydd o ran ei ddylanwad yn fyw am lawer o flynyddoedd . . . nid ydyw bywyd yn werth ei fyw ond yn ffordd rhinwedd a santeiddrwydd . . .
>
> . . . yn dweid am farwolaeth yr hên Hannah Felin Pwllcornol . . . yr wyf wedi bod yn athraw yn yr Ysgol Sul ar Hannah am rai blynyddoedd, menyw gâll oedd Hannah . . .
>
> . . . Ond y syndod mwyaf a gefeis oedd clywed am Dan Maesgwyn gynt, [gŵr a fu farw drwy ei law ei hun] . . . duolch am râs i ddal yngwyneb siomedigaethau a cholledion yn y byd yma, druan a Dan, yr wyf fi wedi colli mwy na welodd ef erioed, rhyw £300 yr oedd Dan wedi rhoi allan . . . ond dyna, arian oedd y penaf peth ar ei feddwl, nid ydynt fel plant yn feddianol ar syniadau uwch na meddwl am y byd hwn, dyna William, dim ond y byd hwn, Josi dim syniad am bethau ysprydol, ac y mae yn debyg fod Dan yn waeth am arian nar un ohonynt, gobeithio y cewch chwi fel plant râs ar grâs hwnnw i'ch cadw rhag rhoddi eich bryd yn ormodol ar y byd yma ai bethau, yr wyf fi wedi cael aml i wers, a chredaf fod y golled ddiweddaf a gefeis wedi bod yn fwy o foddion grâs i mi nar un o honynt, er fi mod am wythnosau rai yn methu cyscu, na gorphwys, ond erbyn hyn yr wyf yn galli gweled ti draw i amgylchiadau, a gweled fod yr hwn am cynhaliodd hyd yma yn abl im cynal, am harwain y rhan sydd yn ol heb ei dreilio, dim ond un edyfar sydd genyf, hyny ydyw, na fiaswn wedi crynhoi y cyfan at ei gilydd pan y does gartref gyntaf, ond yr wyf yn meddwl y gwnaith llaw rhagluniaeth fy llwyddo i fesir eto . . . beth sydd i wybod efallai y caf ychydig ganoedd eto, beth benag am hyny yr wyf yn meddwl y byddaf yn foddlon beth benag ddaw, y cwbl wyf am gael heddyw ydyw cael byw i weled y lleiaf yn ddigon mawr i ofali am dano ei hun, o ie, cofia Rachel, i beidio caniatai ir plant fydd allan yn gwasneithu i godi rhan oi cyflogau   arferiad dynystriol i blant iw hyny . . .
>
> . . . cofia ysgrifeni ataf yn aml drwy y gauaf, efallai y caf rhai

o honynt, . . . ac fe anfonaf finau bob tro y caf gyfle, bob Mail aiff allan oddi yma fe anfonaf lythyr i ti, cofia os na cei yr un cyn y gwanwyn, paid a meddwl fod dim allan o lê . . . gobeithio y caf lythyr eto oddi wrthych cyn caiff [cau-iff] y mor   efallai y bydd yn agored am 2 wythnos eto . . . cofia fi at fi hên gyfeillion oll ac at Mamgu, hyn oddi wrth eich tad   bydded ymddiried y Nefoedd drosoch oll, ti gei lythyr eto cyn caiff y mor.

J. D. Davies

Daeth yn Galangaeaf, a rhai o'r plant yn cyflogi am y flwyddyn ganlynol. Yn ôl ei arfer, roedd ganddo ei gyngor i bob un ohonynt:

Oct 24th 1903   c/o Beau Mctl Co
                                           Nome
                                           Alaska.

Anwyl Boys John & Evan
      Gair atoch chwi eich dai, yn ogystal ac at Jane yr wyf yn deall di fod di Evan wedi cyflogi yn Troedrhiwberllan, cofia fod yn fachgen da yn di wasanaeth, bod yn onest, dweid y gwir, hyd yn nod os bydd yn di erbyn ar y pryd, a bod yn ufydd, cofia gadw y cwrdd, ar Ysgol Sul yn Horeb, peidio dweid geiriau câs . . . fe fyddaf gartref yn gynar yr hâf nesaf fe gaf glywed y cyfan, dyna gysur fydd i mi gael clywed di fod yn fachgen da.
      Wel John yr wyf yn dweid yr un pethau wrthyt tithau, gofalwch beidio dylyn cwmni drwg . . . John ydwyt ti ddim yn meddwl i byddai yn well i ti gael blwyddyn o ysgol, fe fyddaf fi yn eithaf boddlon i ti, ac fe fyddai hyn yn well genyf fi na dim arall . . .
      Wel Jane or braidd y mae eisie i mi ddweyd wrthyt ti am beidio dilyn cwmni drwg, y mae mwy o diedd yn y Boys nac sydd mewn merch . . . cofia fod yn onest a geirwir, fel ac yr wyf yn credi di fod, oni te ni chawset aros am flwyddyn arall . . .
      . . . cofion atoch oll fel Plant un waith eto cofiwch am gynghorion eich hanwyl fam, ac os gwnewch gofio hyny, ni fydd eisie i mi ofidio am danoch.
eich tad
J.D.D.

John, Jane & Evan
      Anfonwch bobo lythyr i mi.

Ac mewn llai nag wythnos, llythyr arall:

      . . . yr wyf wedi gadael Nome er ddoe, ac yr wyf wedi dechrai gweithio heddyw, ac y mae y Mail yn cychwyn allan ar y rhêw dydd llun . . . cofiwch roddi gwybod i mi pa ddate y daw i law, yr wyf wedi cael hâf o lythiron oddi wrthych heb yr un date ar ddim un o honynt, fe garwn i chwi dreio cofio rhoddi y date ar bob llythyr fel y gallwyf wybod yr amser yr ysgrifenasoch ef.

Y mae yn ddrwg iawn genyf fi mod wedi eich siomi yr hydref hwn . . . ond yr wyf wedi aros i fewn er eich mwyn chwi, ac nid er mwyn fi hun, yr wyf fi yn aberthu fi holl fywyd wrth aros i fewn, nid ydyw Alaska yn lle dymunol iawn i aros, hyd yn ôd yr hâf, heb sôn am rhyw 8 mis o euaf . . . a gobeithio y byddwch yn galli cydymdeimlo a mi ac nid fy meio, nid ydwyf yn meddwl eich bod yn gwneyd hyny chwaith . . . eto fi mod yn hollol iach, a duolch i'r Brenin Mawr am hyny, ac yr wyf yn dymuno beinydd ar eich rhan chwithau, ar fod ei drugaredd ef yn daenedig drosoch chithau yr un modd . . . dydyw pellder ffordd nac hinsawdd gwlad yn gwneyd yr un gwahaniaeth ynddo ef, a duolch am hyny, oni de fe fiasai ar ben arnaf fi, oblegid nid ydwyf yn adnabod neb o holl gyfeillion a ddelo i dalu ymweliad a mi i Alaska, heb sôn am aros genyf hyd yn nod un gauaf, ond am dano ef nid ydyw wedi fi ngadel wrthyf fi hun er pan yn y wlad, a hyny er is chwech mlynedd os caf fyw i weled mis Mawrth nesaf . . .

. . . Ac os byddaf byw i weled yr Hydref nesaf, nid oes eisiau i chwi drwbli y cewch eich siomi, fe fyddaf yn dyfod gartref yn ddiffael, ac os na ddaw rhyw beth nad ydwyf yn ei ddysgwil fe fyddaf gartref yn gynar, nei fe adawaf Alaska yn gynar, fe fydd eisie arnaf aros yn Wales Iowa am obosibl ddwy wythnos, ac efallai yn Seattle, gwedi landio yn y States, y mae genyf gryn dipin o eiddo yma erbyn hyn eto . . . ac fe gymer hyny dipin o amser i mi, beth benag am hyny, os byw fyddaf, fe ddeiaf gartref yr Hydref nesaf . . .

Bob tro y clywai fod y Mail yn paratoi i adael Nome, a rhywun gyda'i slèd a'i gŵn yn digwydd galw ac yn mynd y ffordd honno (yr oedd ef erbyn hyn allan yn y cilfachau eto, er na ddywed yn gywir ym mhle), roedd John Davies yn taro gair ar bapur, hyd yn oed petai'r gŵr a'r slèd yn disgwyl y tu allan iddo orffen sgrifennu. Anfon yn aml, aml oedd yn bwysig. Anfon at gydnabod na chlywsai oddi wrthynt ers hydoedd, yn ei 'newyn a'i syched' am unrhyw edefyn o gyswllt â Banc Horeb:

Yr wyf fi yn anfon llythyr i Dafydd Ty Mawr yr un pryd a hwn, dyna y llythyr cyntaf i mi anfon atynt er pan wyf yn y wlad yma, y mae wedi bod ar fi meddwl er is misoedd am anfon gair at Dafydd, ac heno yr wyf wedi penderfyny i anfon gair, tebyg y gweith Dafydd anfon gair i nol, ond O yr amser fydd yn rhaid i mi dreilio cyn cael gair o un lle, nid ydwyf yn disgwyl gair o un lle tan tia dechrai mis Bach, ond beth ydwyf yn siarad, yr wyf wedi gweled amser yn y wlad hon cyn i mi ddyfod i Nome, na chawswn ddim un llythyr am flwyddyn o amser, gobeithio y gwelaf y dydd heb fod yn faith y gallaf fyw mewn lle cyfleis i gael llythyron, a phapurau newyddion bob dydd, yr wyf wedi cael hên ddigon ar fywyd fel hwn, dim ond crwydro o fan i fan heb artref yn y byd . . . yr wyf wedi myned i mlaen i ormod o ddyddiau i dreulio bywyd fel hyn, yr wyf wedi gadael fi haner cant ers 21 or mis diweddaf, ond rhyw fodd yr wyf yn cael iechid rhagorol hyd yma, a gobeithio y gwel Duw yn dda i barhai yn ei diriondeb tiag ataf am ychydig bach yn bellach, fel ac i fod yn alluog i weithio tan ddiwedd yr hâf nesaf, ac yna mi fyddaf yn alluog i dalu Pawb bob ceiniog, a dyna hyfryd y byddaf yn teimlo wedi dyfod yn ddyn rhydd . . .

. . . Wel Rachel . . . yr wyf yn cymerid yn ganiataol di fod yn darllen ychydig o adnodau, nos a borai, er mwyn y rhai lleiaf yna . . .

A'i galennig i'w blant ar ddydd Calan 1904 oedd llythyr arall:

. . . yr wyf wedi cael byw i weled dechrau 1904, gan fawr ddymuno cael gweled ei diwedd, ac os caf fe fydd hyny gartref ar eilwyd Maesyffin . . . yr wyf yn rhoddi Blwyddyn Newydd Dda i chwi, mewn iechid, mewn cysur, ac mewn daionu, dyna yw dymuniad fi ngalon, yr wyf yn hollol iach heno, a phob dydd, ac y mae yn dda genyf alli dweid wrthych fi mod yn cael fi marchu yn fawr mewn gwlad fel hon, nid ydwyf yn gwybod paham os nad am fi mod yn treio byw gorau gallaf, mae hyd yn ôd pobl nad ydynt yn credu dim mewn Duw . . . yn parchi bywyd rhinweddol felly yr wyf yn sicr na chaf ddioddef eisie, pe bawn heb ddim fi hun . . . nid oes genyf ddim newydd heno eto, ond rhywfodd yr wyf yn caru anfon gair yn aml gan feddwl y bydd hyny yn gysur i chwi fel Plant . . . yr wyf wedi clywed ei bod yn Nome yn dysgwil y Dog Mail i fewn tia haner y mis yma, os daw fe fydd yma lawenydd mawr gan lawer fel fi fy hun . . .

Gan gymaint ei awydd i sgrifennu a thrwy hynny gael ymdeimlad o gwmni ei deulu, weithiau fe gychwynnai lythyr un diwrnod ac yna'i orffen rywbryd yn ddiweddarach, pan ddeuai gair o Faesyffin, neu sôn fod y Dog Mail ar gychwyn, i ysgogi'i gof. Oddi ar ddiwedd 1901 nid oedd ganddo Ddyddiadur yr Annibynwyr, a rhwng hynny a'r ffaith ei bod yn olau o un dydd i'r llall yn Alaska yn ystod yr haf, collai gyfrif o ddiwrnodau'r wythnos weithiau allan yn ei babell unig yn y mynyddoedd, ac unwaith neu ddwy mae nodyn o bathos braidd ar ymyl y ddalen—'dydd Sul, os yn cofio'n iawn':

> Feb 15th 1904   c/o Beau Mctl Co
>   Nome
> Anwyl Blant   Alaska
>   Gair atoch heno eto, nid ydwyf wedi clywed oddi wrthych er is wythnosau, gobeithio nad oes dim allan o le . . . yr wyf yn lled bryderus ynghylch yr arian anfones i gartref yr Hydref diweddaf, gobeithio eich bod wedi ei derbyn . . . ac yr oedd yr arian diweddaf yn swm go lew i fyned ar goll, sef $600 hyny yw £120-0-0, [un ai roedd ef wedi cael ei syms yn anghywir neu roedd y raddfa gyfnewid wedi gostwng yn sydyn, achos roedd yn nes o lawer at £150] . . . nid ydwyf yn myned i orphen y llythyr hwn heno, fe arosaf am rhyw ychydig ddyddiau eto i weled a gaf glywed oddi wrthych. Nos da heno, gobeithio eich bod yn paratoi am y gwelu, y mae yn noswaith oer iawn yma heno, ond y mae genyf ddigon o dan, a digon o ddillad gwelu, good night.

Nid oedd hynny, chwaith, yn bosib. Gan fod Alaska o fewn dim i'r International Date Line, byddai'r plant yn meddwl am godi pan oedd eu tad yn paratoi i fynd i'w wely.

> Feb 22th 1904
> Ati heno i orphen y llythyr, fel ac yr oeddwn yn dweyd ar ddechrai y llythyr, fi mod yn aros cael gweled os cawswn lythyr oddi wrthych cyn ei orphen, ac heddyw mi gefeis un . . . ac yr oedd yn dda rhyfedd genyf ei gael a chael ar ddeall eich bod yn iach ac hefyd eich bod wedi derbyn yr arian . . .
>   . . . yr oedd yn dda iawn genyf gael ar ddeall fod Gwernllwyn wedi ei glirio, yr oeddwn yn dweyd hyn wrth bawb ffordd yna cyn i mi adael, y mae yn dda genyf yr un fath fi mod wedi anfon £30, y mae rhyw rai wedi gweithio yn galed cyn ei glirio . . .
>   . . . dwed wrth John am fwrw i ddysgu yn yr ysgol a bod yn fachgen da, cadw y cyrddau ar Ysgol Sul, ac hefyd atendio cwrdd y bobl ieiengc yn Horeb, fe garwn yn fawr Pe bai John yn gofyn bendith ar fwyd gartref lle noble iddo i arfer y mae yn ieiangc iawn i mi anfon ato, treia di ei goxo i wneyd . . .
>   . . . Cofion Tad atoch, ac mi anfonaf arian yn y spring eto, yr eiddoch eich Tad yn Alaska.
>   J.D.D.

Ar 13 Mawrth anfonodd lythyr yr un at Rachel, Enoch a Hannah mewn un amlen gyda'i gilydd. Mae'n rhaid fod honno'n un go drwchus, ac yn wyrthiol bron nid yn unig mae'r llythyron wedi cadw yn glir a pherffaith ddarllenadwy, ond y mae'r amlen hefyd ar glawr.

At Hannah, fel y gwelir, y cyfeiriodd ef, gan mai mewn ateb i'w llythyr hi, yn y lle cyntaf, y bwriadai sgrifennu. Ond Rachel a gyfarchodd gyntaf, yn ôl ei arfer:

> Anwyl ferch Rachel
> Daeth llythyr Enock im llaw heddyw, yr oeddwn wedi derbyn llythyr Annah er is dyddiau i nol ac wedi ysgrifenu gair yn barod iw anfon i nol, ond erbyn cael hwn heddyw, yr oedd pob Peth ac yr oeddwn wedi ei ysgrifenu yn o chwyth, felly pob peth o newydd heddyw eto . . . duolch am eich llythiron ac yn neilldiol am eglurhad o berthynas i Evan, yr oedd Hannah wedi dweyd yn ei llythyr fod Evan wedi dyfod gartref a dyna y cyfan, ac er hyny hyd heddyw yr wyf wedi gofidio nas gallaf ddweyd byth, wrth feddwl ei fod ef wedi tori ar ei gyflog . . . ond gwaeth na hyny wrth feddwl fod y ddai fachgen gartref gyda'i gilydd . . . yr oedd arnaf ofn ei fod wedi gwneyd rhyw ddrwg, ond erbyn heddyw yr wyf wedi iachau, ac yn gweled fyn ffolyneb i fyned mor belled yn erbyn gofid, duolch am gael un ysgafnhad.
> Rachel, o berthynas i Enock bach, os byw ac iach

fyddaf, ac os Duw ai mhyn fe gaiff ef bob manteision i ddadblygu, gobeithio y bydd o ran cymeriad yn deilwng or weinidogaeth, dyna ydyw fi mwryad iddo fod, Paid dweyd hyny wrth neb, Rachel yr oeddwn yn mwynhau yn rhyfedd wrth di glywed yn dweyd fod Pawb yn canmol Enock, ac ei fod ef a Margret yn dweyd adnodau bob cwrdd (dos ymlaen Nefol dân Cymer arnynt feddiant glan,) dyna ydyw fi nymuniad i chwi oll ... a gobeithio y bydd John ac Evan yn atendio cwrdd y bobl ieiengc yn Horeb, cofia ddodi arnynt a dwed fi mod yn dymuno arnynt i fod yn fechgyn da ...

Fy Mab Enock
    ... duolch i ti Enock am anfon gair ataf ... yr wyf finau yn iach hefyd Enock, a gwyddost ti machgen i y mae di Dad yn duolch i Iesu Grist am hyny, ac nid ydwyf fi yn gwybod a ydwyt ti yn duolch nei beidio, y mae Plant da yn duolch, ac y mae Iesu Grist yn falch iawn ar blant da, ac yr wyf yn credi di fod di Enock yn *Good Boy* bach, onid ydwyt ti. ydwyt, a gobeithio y byddi yn fachgen da Pan y dei yn fachgen mawr.
    Wel Enock yr oeddet yn gofyn os oeddwn i yn foddlon i ti gael concerteina, os ydwyt ti yn addo bod yn fachgen da fel arfer ydwyf, dwed wrth Rachel am ei Brunu i ti, a gwyddost ti yr oedd Rachel yn di ganmol di a Margred am ddweyd adnodau yn Horeb *good Boy* oedd data yn falch iawn di glywed yn dweud di fod yn yr ysgol bob dydd, Cadw ati machgen i, hyn oddi wrth di Dad sef Data yn Alaska,
                                      J. D. Davies

    Enock dwed wrth Evan Samuel fi mod inau yn hala fi nghofion ato intau y mae genyf rhwng 200 nei 300 o stamps.

Roedd John Davies, mae'n amlwg, wedi addo cadw stampiau i un o ffrindiau ysgol Enoch.

1904, wrth gwrs, oedd blwyddyn y Diwygiad, a daeth Hannah yn llwyr dan ei ddylanwad. Yr oedd o'i dyddiau cynnar, er yn wanllyd o ran iechyd, yn gryfach yn y Ffydd na'r un o'r lleill, hyd yn oed. Yn hynny o beth hi oedd ffefryn ei thad, ac y mae ieithwedd llythyr ei thad ati yn adlewyrchu'r berthynas grefyddol rhwng y ddau:

Anwyl ferch Annah
    Daeth di lythyr i law ... yr oedd yn ddrwg iawn genyf glywed fod cymeint yn meirw o fi hên gydnabod ... onid ydyw yn rhyfedd fi mod i yn cael y fath iechid O ydyw duolchwch

lawer iddo am fi arbed i cyhyd, a'm cadw mewn iechid mor dda, yr wyf fi yn duolch llawer, ydwyf yr wyf yn credi o fi ngalon, ac y mae arnaf awydd duolch iddo yn y fan hon, duolch iddo byth am gofio llwch y llawr ... ac heddyw dyma lythyr i mi oddi wrth Benjamin y teulu sef y mab ieiengaf ... Annah yr wyf wedi teimlo heddyw nas gallaf ddweyd mewn geiriau o berthynas i Enock bach yr wyf yn dymuno ar Dduw y caf fywyd ac iechid am ychydig o flynyddoedd i gael gwneyd fi ngorai i ddadblygu y talentau sydd ynddo, yr wyf yn credi er y tro cyntaf y bues gartref fod yna dalent neilltiol yn Enock ... gobeithio y byddy mewn iechid go lew erbyn y daw hwn i law, anfon eto yn fian, yr wyt yn dda iawn am hanes, ac mewn trefn go lew, hyn oddi wrth di dad yn Alaska.

J. D. Davies

(bydd yn ferch dda, Good bye)

Y llythyr cyfan olaf o'i law sydd ar glawr yw'r un a anfonodd adref wyth niwrnod yn ddiweddarach:

Mawrth 21th 1904   c/o Beau Mctl Co
                               Nome
Anwyl Blant   Alaska

Gair yn fir heddyw, yr wyf yn iach gobeithio eich bod chwithau yn o lew, ac i fod Hannah yn well erbyn hyn, Mi gefeis lythyr oddi wrth Dafydd Jones Llwyngwyn ddoe, ac yr oedd yn dweyd am farwolaeth Rees Cottage, Rachel Blaencefn a rhên Beter Blaenwaun, Wel, Wel, mae fi hên gyfeillion yn fi ngadael yn rhyfedd, fe fyddaf wrthyf fi hun bron yn inion, Wel Rachel efallai mae dyma y llythyr diweddaf dros y rhew, y mae heddyw yn tyny at ddiwedd Mawrth, fe fydd llongau yma tia canol June, a thebyg cyn diwedd Mai y bydd rhan uchaf or Yukon wedi tori i fyny, y mae y rhan uchaf yn tori i fyny wythnosau yn gynt tar Pen hwn o honi, felly tebyg mae hwn fydd y dyweddaf, yr wyf yn dweyd am y rheswm na chei yr un llythyr am grin amser ar ol hyn yn lle eich bod yn meddwl fod rhywbeth wedi digwydd,

Gair arall Rachel, yr oeddech yn dweyd yn eich llythyr-on diweddaf fod Ed Jones wedi marw, tebyg y bydd Mrs Jones yn Rhento y Gors o hyn allan   os felly, yr wyf am i ti fyned at Mrs Jones a gofyn iddi, ac os bydd   dwed y carwn i gael cynyg arno er mwyn cael eich cadw chwi fel Plant gartref,

Rachel cofia gadw hyn yn sicret, Paid a dweyd wrth un or Plant, cofia yr wyf yn dymuno arnat   y mae genyf amcan mewn golwg wrth hyny, ac os caf fi ef, fe gaf arian yn rhywle i startio, gwn y caf fendig lle y mynaf, ac fe fyddai y Gors at y fit

i mi dugon o waith i chwi bob un, a dim gormod, dywedaf eto cofia gadw hyn i ti di hun   hal wybod i mi cynted ac y gelly ac yna mi ddodaf ar Ben Davies i wneyd y cyfan droswyf, dim rhagor heddyw, cofion atoch fel Plant oll, byddwch yn blant da, Bendith fyddo arnoch mewn canlyniad,
>
> hyn oddi wrth eich Tad
> J. D. Davies.

Mae'n amlwg, felly, mai ei fwriad oedd dychwelyd i Horeb i ffermio'r Gors. Yr oedd ganddo bob gobaith y byddai ei gais am gael rhentu'r lle yn llwyddiannus. Roedd ganddo ragolygon go lew y byddai'n lled gyfforddus arno'n ariannol yn dod o Alaska, ac mewn ffordd i stocio'r lle. Efallai, hefyd, y bwriadai werthu Maesyffin, er bod morgais arno, i ddechrau byw ar y fferm. Roedd Maesyffin yn werth llawer mwy na'r wystl arno. Ac fe roddai hynny fywoliaeth i'w blant ac yntau ar yr un pryd, a'u cadw yn yr ardal.

XVII

Aeth Mawrth yn Ebrill ac Ebrill yn Fai. Daeth gwennol eto'n ôl i feudy Maesyffin, a chog i'r Gors. Aeth Rachel a'r plant at orchwylion y cynhaeaf gosod yn ysgafnach eu cam nag y gwnaethent ers sawl blwyddyn. Roedd yr arian yn dod yn amlach ac yn fwy helaeth o Alaska ers misoedd bellach, ac nid oedd ond tan fis Awst cyn y byddai eu tad adref eto, ac adref y tro hwn 'heb grwydro mwy'.

Saith mil o filltiroedd i ffwrdd, roedd yr eira'n dechrau rhedeg fry yn y mynyddoedd, a'r rhew'n dechrau gollwng ei afael yn y ffrydiau basaf i fyny tua'r Fortymile a'r Tanana. Mis arall a byddai'r daran fawr a holltai'r Yukon yn fynyddoedd o rew ar ei gilydd, gan eu sgubo'n gandryll i lawr i'r môr yn St Michael, a'r llongau eto'n gweithio'u ffordd drwy'r rhew tuag Ynysoedd Aleutian, gan agor y môr unwaith eto. Y môr a ddygai John D. Davies yn ôl yn 'ddyn rhydd'.

Am bedwar o'r gloch brynhawn Mercher, 25 Mai, ac yntau'n gweithio mewn twnnel go ddwfn mewn pwll o'r enw Snowflake, ryw wyth milltir o Nome, bu cwymp sydyn a daliwyd ef odano. Fe'i rhyddhawyd o fewn munudau, ond yr oedd wedi ei niweidio'n ddifrifol. Galwyd am feddyg o Nome, a chludwyd John Davies i ysbyty ar slêd gŵn, er y bu'n rhaid ei gario dros y mannau mwyaf serth. Bu farw yno y nos Sadwrn honno, 28 Mai 1904. Roedd 'rhywbeth wedi digwydd'.

Rywbryd yn ystod y Mehefin hwnnw, dygodd Ben Davies, y cymydog ffyddlon a gludodd John Davies i orsaf Llandysul naw mlynedd cyn hynny, ac a welodd Hannah yn codi ei llaw o ffenest fach talcen Maesyffin ar ei gŵr am y tro olaf, y newydd trist i Rachel a'r plant eraill na ddôi eu tad fyth yn ôl o Alaska. Yn ddiweddarach cafwyd dau lythyr oddi wrth Dick Davies, y ffrind a gyd-ddioddefodd ag ef hyd yr anadl olaf ym mhellafoedd y byd, y naill yn Gymraeg at y plant a'r llall yn Saesneg at Ben Davies. Troswyd yr un Saesneg er mwyn cysondeb. Mae'r llythyr at y plant yn anghyflawn:

c/o Beau Mctl; Co;   Nome Alaska
                                       June 14th 1904

Annwyl gyfeillion
     Maen debyg eich bod wedi derbyn y newydd torcalonus or Ddamwain a ddigwyddodd ich anwyl dad. yn y lle hwn ychydig yn ol. fe roeddwn yn teimlo mai gwell fyddau i mi anfon yn gyntaf at un och cyfeillion au gael o i ddwad i dori y newydd i chwi. felly fe yrais at Ben Davies gan gredi ei fod o y gyfaill i chwi oblegyd fe gefais ei address mewn poced lyfyr ich Dad ac hefyd fe yrais lythir ir un pwrpas at postmaster Horeb Llandyssil. gan gredi y buasau un o honynt yn shiwr o gyraedd pen ei daith. fe fuasau yn dda iawn gen i pe bau shiawns i yru telegram atoch pan ddigwyddodd y ddamwain ond fe roedd hyny yn amhosib or wlad hon fel yr ydych yn gwybod. nid allwn hyd yn nôd yrru llythir allan yr adeg hynny am nad oedd ddim llong wedi dyfod i mewn y tymhor hyn ar y pryd. felly ddoe oedd y chance gyntaf gefais i anfon gair atoch. fy mwriad yn y llythir hyn iw anfon eglurhad mor gywir ac y gallaf gyda golwg ir ddamwain a fordd y cymerodd le ac hefyd gyda golwg ir property yr oedd eich anwyl Dad yn berchen yn y wlad hon. fe gymeroedd y ddamwain le ar 25 o Mis Mai tua bedwar or gloch yn y prydnawn. fe roedd y lle roedd yn gweithio tua wyth milldir or dre Nome. fe yrwyd Doctor allan ar unwaith. ac fe ei symudwyd ir hospital lle y cafoedd y gofal gorau allem ei gael. nid oedd gan y doctor ond ychydig obaith ond fe wnaeth ei orau i achub ei fywyd ond methu a wnawd. fe roedd wedi ei anafu oddi mewn yn ddrwg iawn yn ogystal ac oddi allan. fe ddiofoedd boenau mawr am ddau ddiwrnod ond yn ei hollol synwyrau hyd y dydd diweddaf. ond

FUNERAL OF J. D. DAVIES

The remains of J. D. Davies, who died at Holy Cross hospital last Saturday evening, from injuries received in the Snowflake mine a few days before, were with fitting rites, interred on Wednesday morning.

The friends and acquaintances of the deceased met at Lange's undertaking rooms shortly before 11 o'clock, whence they proceeded in a body to the Congregational church, of which deceased was one of the charter members. Here, over the dead, a simple and beautiful service was performed, Rev. Ryberg officiating and the choir rendering appropriate music.

Rev. C. E. Ryberg, in well chosen words, summarized the life and character of the deceased, and then delivered a short sermon, full of feeling, on the transitoriness of life. The remains were taken to the Masonic cemetery, where they were laid at rest.

The deceased was a native of Wales, and leaves a number of children there to mourn him. These he visited in the spring of 1904 and intended to visit them again next fall. Mr. Davies was well known among a number of business men and miners in this locality, and was esteemed by all who knew him as a man of sterling integrity and exemplary character. A fitting commentary on his life is the fact that both owners and comrades from the Snowflake joined the procession to his grave.

Yr arch

Allan o'r *Nome Nuggett*

fe fuodd farw yn esmwyth iawn. am ugain munyd i ddeg yn yr hwyr Mai yr wythfed ar hugain fe hedoedd ei yspryd ymaith. fe gymeroedd ei gladdedigeth le ar y dydd cyntaf o Mehefin lle daeth ei hen gyfeillion ynghyd i dalu y gymwynas olaf iddo. fe rwyf yn anfon slip o bapur i chwi. fe roith hwn lun ei angladd yn fwy eglur i chwi na allwn i wneid fy hunan. fe dynwyd pictiwr ei arch borau yr angladd fe yraf un i chwi gyda byddant yn barod. gweithio mewn tunnel oedd eich Tad ac fe ddaeth gwymp i lawr ac fei daliwyd o dan rhan ohono ond fe cafwyd allan mewn ychydig funydau. fe roedd wedi bod yn mwynhau iechyd da trwy y gauaf. ansicr iawn iw bywyd yn yr hen fyd yma.

   c/o Beau Mctl Co,   Nome Alaska
                                                      July 14th 1904
Mr Ben Davies.
      Annwyl gyfaill,
           Derbyniwyd eich llythyr o'r 5ed o Orffennaf neithiwr. Roeddwn yn falch iawn i glywed eich bod wedi derbyn fy llythyr, a'ch bod wedi torri'r newydd trist am ein diweddar gyfaill J. D. Davies i'w blant. Mae'n rhaid ei bod yn dasg anodd i chwi ei gwneud, ond yn ddim wrth yr hyn y bu'n rhaid i'r plant ei ddioddef. Gobeithio y maddeuwch i mi am ysgrifennu yn Saesneg,—nid na fedraf sgrifennu yn Gymraeg ond yr wyf wedi arfer sgrifennu'n Saesneg a medraf wneud hynny mewn tipyn llai o amser. Gan obeithio nad yw'n gwneud unrhyw wahaniaeth i chwi. Yr oedd yn dda gennyf glywed eich bod yn un o'r ymddiriedolwyr apwyntiedig draw yna. Gofynnoch i mi am ddatganiad o eiddo J. Davies yma yn Alaska. Anfonwyd datganiad llawn ychydig ddyddiau wedi'r llythyr a dderbyniasoch oddi wrthyf i. Fe'i cyfeiriwyd at Rachel Davies. Gobeithio eich bod wedi ei weld a'i ddarllen ymhell cyn hyn. Gwnaed y datganiad gan Mr. Albright. Mae ef yn dwrnai ac yr oedd yn gyfaill personol i Mr Davies. Rhoddwyd popeth i lawr yn y datganiad hwnnw, sy'n perthyn i'r ystad.
   Nawr y mae yn yr adroddiad yna beth eiddo yr wyf i a gŵr o'r enw W. W. Cole yn gyd-gyfrannog ohono gyda'n diweddar gyfaill, ond nad oes gennym ddim i ddangos hynny. Hwnnw yw'r eiddo a enillwyd mewn Achwyniad Cyfreithiol yma ym 1902 oddi wrth y *Los Angeles and Cape Nome Mining Company*. Trosglwyddais i a W. W. Cole ein hawl ni i John Davies, drwy wneud hynny clywyd ein hawliau gyda'i gilydd yn hytrach na gwneud tri achos ar wahân yr hyn a arbedodd gryn amser a chost i ni. Wrth gwrs gadawodd hynny yr holl eiddo a enillwyd yn yr achos yn enw John Davies ac y mae felly o hyd. Anfonais lythyr at y plant yn gofyn iddynt am weithred i'n hawl ni yn yr eiddo hwn. Yr ydym wedi talu ein cyfran ni o gost yr Achos, a

medrwn yn hawdd brofi ein hawl yn yr eiddo ond byddai'n gyndyn gennym ddwyn y mater i Lys, carem osgoi y draul honno os medrir. Mae'r eiddo dan sylw fel a ganlyn—

    4 hawl cloddio ar Lulu Creek   ⅓ rhan yr un.
    ⅓ ran mewn 4 hawl ar Left Fork Creek, hynny yw 1/9 yr un.
    Un caban yr ydym yn berchen ⅓ yr un ohono.

Dyma'r eiddo a enillwyd yn yr Achos, yr hwn y mae W. W. Cole a minnau yn gofyn am weithred iddo, oddi wrth y plant.
    Gobeithio na feddyliwch ein bod yn ceisio cymryd mantais ar y plant am fod eu tad wedi marw. Nid felly y mae. Byddai'n well gennyf golli fy holl eiddo yn y wlad hon nac i neb feddwl hynny ohonof. Fe'ch cynghorwn chwi i anfon at Mr J. W. Albright, Nome, Alaska yng nghylch y mater hwn, ef oedd ein cyfreithiwr yn yr Achos Llys. Y mae'r eiddo arall sy'n eiddo i'r ystad fel a ganlyn—

    1 Hawl Bench ar Ruby Creek.
    1 Hawl creek ar ragafon i'r Ruby Creek.
    1/12 rhan mewn Hawl ar Igloo Creek.
    ⅓ ran mewn Les ar Hawl ar Alder Creek. Mae'r Les hon yn dod i ben yr hydref hwn. Bûm yn ei gynrychioli ar yr Hawl hon drwy'r haf, disgwyliwn fod wedi gweithio pethau allan yno erbyn diwedd y mis hwn. Roedd ganddo hefyd ⅓ ran mewn Hawl arall ar Alder Creek, ond ildiwyd y Les honno rai diwrnodau'n ôl. Nid oeddem yn ystyried yr hawl o fawr gwerth, ni theimlem ei bod yn cyfiawnhau gwario arian lle nad oedd gobaith am gael dim o'r ddaear. Yn awr, prin fod i'r hawliau a enwais unrhyw werth masnachol o gwbwl, y maent oll heb eu datblygu. Mae cyfreithiau mwyngloddio Alaska yn gofyn am wariant o $100 y flwyddyn ar bob hawl er mwyn ei chadw, oni wneir hynny, ildir yr hawl. Yn fy marn i, y mae rhai o'r Hawliau a enwais uchod nad yw'n werth gwario'r arian arnynt y mae'r Gyfraith yn ei alw amdano i'w dal. Carwn gael eich barn chwi ar hyn. P'un a fyddai'n well gwario'r arian angenrheidiol i'w cadw, ai ceisio'u gwerthu. Nid yw Hawl yn y wlad hon yn werth fawr o ddim oni ellir dangos fod aur ynddi i raddau lle byddai'n talu i'w gloddio, ac y mae hynny'n beth anodd iawn i'w wneud. Mae naw deg y cant o'r hawliau yn y wlad hon heb fawr o aur ynddynt, ac y mae'n waith costus dros ben cloddio aur o'r hawliau y mae aur ynddynt, beth bynnag. Fe ddaw'r Hawl hon, y bûm yn cynrychioli'r ystad arni drwy'r haf hwn, â pheth arian i'r ystad, ar y pryd ni fedraf ddweud faint, yn gywir. Byddaf yn medru dweud pan orffennwn weithio yno.
       Y mae hefyd yn eiddo i'r ystad y symiau canlynol mewn arian, yn y banc yn Nome, Alaska,

    Mewn arian, $554.81   Mewn aur (nygets) $422.40

Ynglŷn â'r nygets hyn, roedd John Davies wedi cadw'r rhain gyda'r bwriad o'u dwyn yn ôl gydag ef i'r Hen Wlad yr hydref hwn. Os hoffai'r plant iddynt gael eu hanfon fel y maent gellir gwneud hynny, ond fe gyst hynny dipyn mwy nag y gwnâi i'w hanfon drwy ddrafft. Ni wn pryd y medraf anfon yr arian hyn i chwi. Ni fedraf wneud dim hyd nes y caf orchymyn y llys, ac ni fedr y llys wneud dim hyd nes y caiff glywed gennych chwi ynglŷn â'i ewyllys draw yna. Edrychaf ar ôl ei fuddiannau yma hyd eithaf fy ngallu er mwyn ei blant. Gwyddoch yn iawn am ei feddwl mawr o'i deulu, ni welais neb erioed a chymaint o feddwl ganddo am ei deulu â John Davies, na chwithau chwaith, rwy'n siwr, ac fe wnaf bopeth a fedraf er eu mwyn hwy.

Rwy'n amgau rhai lluniau o'i arch. Y pwrpas wrth eu tynnu oedd dangos i'r teulu iddo gael angladd teilwng. Mae'n llun trist iawn iddynt hwy. Gellwch gadw un os mynnwch a rhowch y lleill i'w blant, ac os hoffent gael rhagor, dwedwch wrthynt am anfon ataf. Mae gennyf ddigon mewn llaw i anfon bob o lun iddynt. Dyma'r cyfan am nawr, rwy'n gobeithio clywed oddi wrthych yn fuan,

Ydwyf yr eiddoch yn gywir iawn,

Richard Davies

Prin fod Richard Davies yn gwybod ar y pryd fod ei gyfaill wedi anfon manylion o hanes yr achos llys hwnnw adref at Rachel ddwy flynedd ynghynt. Ac y mae'r ddau adroddiad yn cytuno'n llwyr, ar wahân i'r manylion ynglŷn â'r eiddo, nas cynhwysai John Davies yn ei lythyr. Prawf pellach, petai ei angen, o onestrwydd cynhenid y ddau, ac ymddiried llwyr y ddau yn ei gilydd.

Cytunodd y plant, drwy eu cyfreithwyr, Evans a Thomas o Landysul, ag awgrym Richard Davies ynglŷn â'r weithred, ac wedi cwblhau'r anghenion cyfreithiol yn Nome, derbyniasant fil o ddoleri ar ôl eu tad.

Yn ystod y tridiau y bu'n gorwedd yn yr ysbyty, ysgrifenasai John Davies lythyr eto at ei blant, ond ysywaeth nid yw hwnnw ar glawr. John Alaska Davies yw'r unig un o ŵyrion John Davies sydd eto'n fyw ac a gydoesai ag ef, a'r olaf bellach i gynnal yr hen enw. Y mae ef yn cofio clywed ei dad Thomas yn darllen y llythyr hwnnw pan oedd yn fach iawn.

Roedd Dick Davies a Wallice Cole gyda John Davies yr holl amser, ac y mae'n siŵr, er cymaint oedd eu hedmygedd o'u cyfaill, eu bod mewn pryder mawr ynghylch y sefyllfa gyfreith-

John Alaska Davies   Llun: *Brychan Jones*

iol rhyngddynt. Mae'n dweud llawer am unplygrwydd cymeriad John Davies, yn ogystal â'i nerth corfforol, iddo fynnu, hyd yn oed ym mhoenau dirdynnol ei anafiadau, ychwanegu 'codicil' at ei ewyllys, gan enwi Dick Davies yn ysgutor, ac felly rwyddhau'r ffordd i hwnnw a Wallice Cole gael eu heiddo eu hunain. Ac yn y 'codicil' hwnnw, ychydig oriau cyn ei farw, am y tro cyntaf yn ei fywyd, y darganfuwyd gwir ystyr y llythyren *D* yn ei enw—John Daniel Davies.

Felly y daeth i ben ei ymdrech arwrol i fagu'i deulu, i fyw yn ôl ei gred, ac i ddileu dalen y ddyled. Fe'i claddwyd ym mynwent Masonic, Nome. Ond mewn llif aruthrol rai blynyddoedd yn ddiweddarach, ysgubwyd y fynwent a'r garreg fedd i'r môr. Hawdd y gellid fod wedi naddu ar y garreg ddiflanedig honno:

>   Damwain fu'i ddyfod yma—i aeaf
>   Tragywydd Alaska,
>   I geisio'r Iôr yn yr iâ,
>   A'r llwch aur o'r lluwch eira.

DIWEDDGLO

Wrth olrhain cymaint â hyn o hanes un o feibion mwyaf mentrus, mwyaf penderfynol, a mwyaf cymhleth Sir Aberteifi, daeth rhai pethau i'r amlwg na ellir lai na synnu atynt.

Yn y lle cyntaf, ni byddai dim o'r gwaith wedi bod yn bosib oni bai am ffydd lwyr Rachel yn ei thad, a thrylwyredd a gweledigaeth Eunice ei merch yn gwarchod ei ddogfennau dros y blynyddoedd.

Oni bai fod ei or-ŵyr yn dditectif wrth ei reddf yn ogystal ag wrth ei waith, a chanddo lygad am lên a chlust at gerdd, ni buasai hanner y ffeithiau hyn wedi dod i'r golwg.

Onid yw'n gyd-ddigwyddiad gwyrthiol, bron, pan gyrhaeddodd John Davies o Faesyffin, Horeb, Llandysul, Red Oak yn Iowa, yno i'w gyfarfod yr oedd T. D. Thomas, yntau o Faesyffin, Horeb, Llandysul?

Onid yw'n gyd-ddigwyddiad llawn mor wyrthiol i John Davies gadw'i gofnodion ar glawr ym Mlwyddlyfrau'r Annibynwyr, a brynwyd gan Wasg Gomer, a bod ei or-ŵyr heddiw yn cyhoeddi'r cofnodion hynny gydag ŵyrion i sefydlydd yr un wasg?

Ac onid yw'n rhyfedd i Enoch, mab ieuengaf Maesyffin, y bwriadai John Davies ei enwi ar ôl mab arall iddo a fu farw'n blentyn, gael ei ladd yn Ffrainc, lle lladdwyd y gŵr ifanc y'm henwyd innau ar ei ôl?

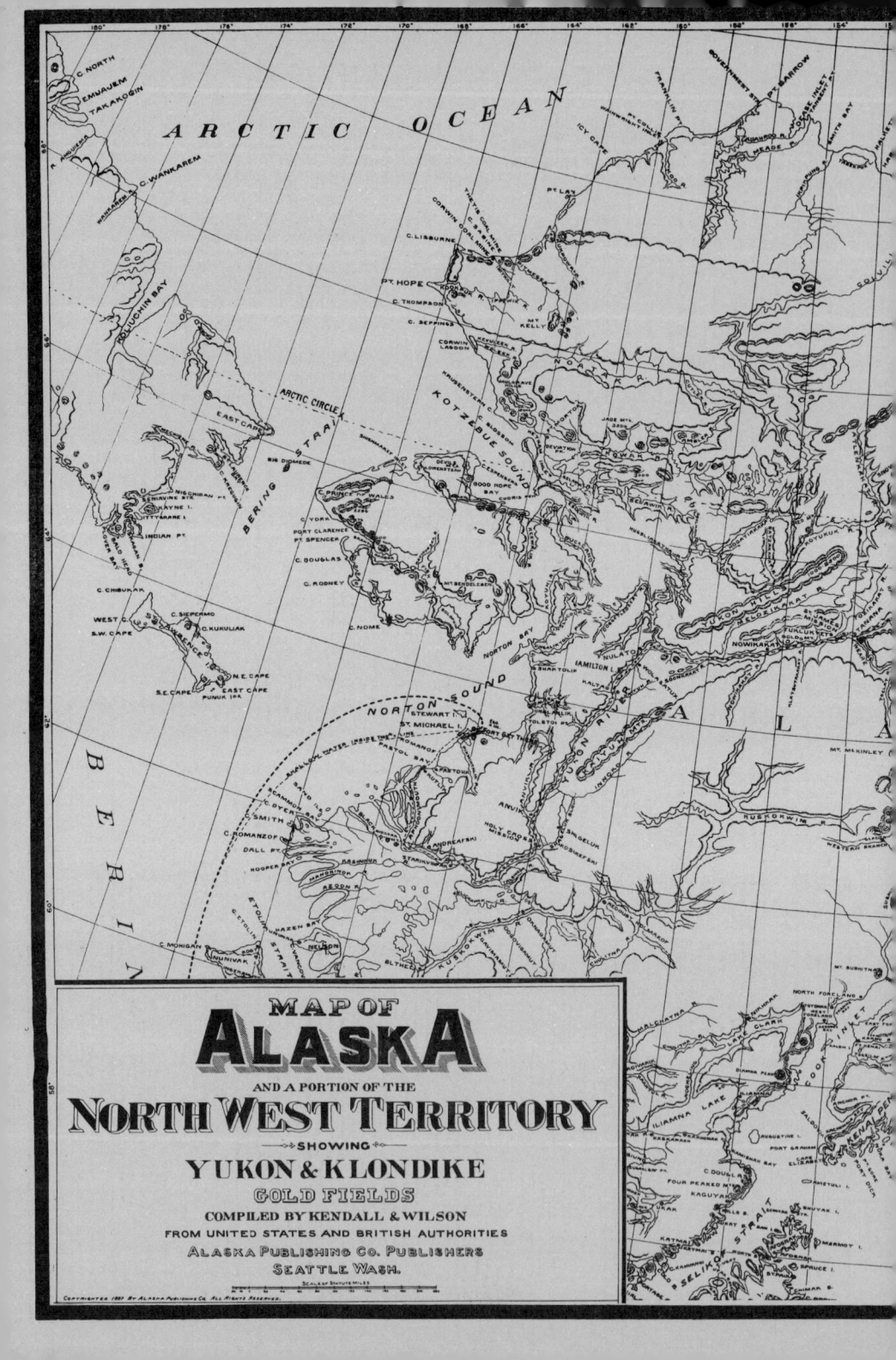

148° 146° 144° 142° 140° 138° 136° 134° 132° 130° 128° 126° 124° 122° 120°
NORTHWEST TERRITORY
ROCKY MOUNTAINS
GULF OF ALASKA
ANXIETY PT.
CAMDEN BAY
MANNING PT.
GRIFFIN PT.
ICY REEF
HERSCHEL
FRANKLIN MTS.
ROMANZOF MTS.
BRITISH MTS.
BUCKLAND MTS.
DAVIDSON MTS.
RICHARDSON MTS.
ESQUIMAUX LAKE
GEOGRAPHY Id
ANDERSON RIVER
MC FARLANE RIVER
MACKENZIE RIVER
ARCTIC CIRCLE
FT. GOOD HOPE
FT. MC PHERSON
PEEL RIVER
RED R.
FT. YUKON
CIRCLE CITY
BEAVER
PORCUPINE DOME
MASTODON DOME
FT. CUDAHY
FT. RELIANCE
DAWSON CITY
MC MILLAN R.
UPPER RAMPARTS
LOWER RAMPARTS
BOUNDARY LINE
LEWIS R.
LITTLE SALMON R.
BIG SALMON R.
SEMINOW HILLS
PELLY MOUNTAINS
CASSIAR
QUIET L.
MT. WRANGEL
MT. BLACKBURN
MT. SANFORD
MT. ST. ELIAS
MT. LOGAN
MT. COOK
PT. WILLIAM SOUND
C. CLEARE
KAYAK I.
ICY BAY
YAKUTAT BAY
OCEAN BAY
SHKAGWAY
JUNEAU
TELEGRAPH CR.
STIKINE R.
LITUYA BAY
CROSS SOUND
ICY STR.
C. CROSS
CHATHAM
ADMIRALTY